Manual de Supervivencia del Administrador de Bases de Datos

Miguel Ángel Benítez Garrido

Tabla de contenido

Miguel Ángel Benítez Garrido

Introducción

El Administrador de Bases de Datos (DBA) es el profesional responsable de la instalación, administración y soporte de los SGBDs (Sistemas Gestores de Bases de Datos), asegurando siempre la seguridad, disponibilidad y eficiencia de la base de datos.

Para que todas esas tareas se puedan cumplir correctamente, es necesario un óptimo conocimiento de la arquitectura de la base de datos, experiencia y una formación sólida.

Las tareas de un DBA varían dependiendo del tipo de trabajo, de las políticas de la tecnología de la Información (TI) y de las características técnicas y potencialidades de los SGBDs que están siendo administrados.

A continuación vamos a ver algunas de esas tareas:

- Proyecto y creación de la base de datos;
- Ajuste y monitoreo de rendimiento;
- Backup y Recuperación;
- Seguridad de la base de datos;
- Integridad de datos;
- Soporte;
- Migración y actualización del SGBD;

Aun no siendo directamente uno de los deberes del DBA, la infraestructura y el modelaje lógico y físico de la base de datos, a veces, acaban formando parte del trabajo. Estas funciones son tradicionalmente de responsabilidad del administrador de sistema (SA) y del administrador de datos (DA) o del jefe de proyectos.

Proyecto y creación de la base de datos

Una de las tareas del DBA es la de proyectar la base de datos con el objetivo de obtener el máximo de performance, escalabilidad, flexibilidad y confiabilidad. En la fase inicial del proyecto se define la estructura de la base de datos, teniendo en consideración la toma de requisitos. El esquema desarrollado en esa etapa se llama proyecto conceptual.

En la fase de proyecto lógico, el esquema conceptual de alto nivel es mapeado hacia el modelo de implementación de datos del SGBD que será usado.

En el proyecto físico es necesario, además de las técnicas anteriormente citadas, tener un conocimiento más profundo sobre el SGBD que será utilizado para crear la base de datos. El DBA debe establecer las reglas para el ciclo de vida de los datos almacenados, a fin de evitar el crecimiento exagerado de la base de datos, que puede comprometer su rendimiento, además de ocupar innecesariamente espacio en disco.

Ajuste y monitoreo de rendimiento

El DBA debe de verificar que la base de datos es rápida y que la performance del servidor no afectará negativamente a su disponibilidad y usabilidad. El ajuste de la base de datos es un trabajo que exige ser sensato y tener y experiencia. Existen algunas reglas generales, pero muchas son aprendidas con el uso, en la base de la tentativa y error.

El ajuste de una base de datos se puede dividir en cuatro partes:

- **Proyecto**: El proyecto lógico de una base de datos apenas elaborado dará como resultado, obviamente, un proyecto físico mal elaborado, lo que generalmente degradará el rendimiento. No espere a que su aplicación esté en producción para ajustar el modelo. Ningún dinero gastado en máquinas puede reparar un rendimiento pobre causado por un proyecto lógico mal elaborado.
- **Sistema Operativo**: El sistema operativo debe ser ajustado de acuerdo con la documentación del fabricante. Para plataformas Windows, los ajustes default son generalmente suficientes. Mientras que en las plataformas Solaris y Linux necesitan una configuración especial.
- **Base de Datos**: El ajuste de la base de datos comprende la memoria alojada, el uso del disco, CPU, E/S y los procesos de la base de datos. También comprende la gestión y la manipulación de la estructura, tal como el design y el layout de las tablas y de los índices. Además de eso, el tunning de la base de datos envuelve casi siempre la modificación de la arquitectura a fin de optimizar el uso de los recursos de hardware disponibles.
- **Aplicación**: El ajuste de la aplicación está directamente relacionado a los códigos SQL almacenados en los sistemas. El objetivo de esos ajustes es hacer que los comandos SQLs accedan de manera eficiente a la base de datos.

Backup y Recuperación

Para muchos profesionales de TI, la tarea más importante del DBA es mantener la disponibilidad de la base: ¿ de qué sirve tener una base de datos grande y funcional si la mitad del tiempo esta está inaccesible"

Una buena arquitectura de backup y de recuperación debe incluir un plan de prevención de desastres, procedimientos y herramientas que nos den soporte en la recuperación, además de procedimientos y estándares para realizarla.

Hay dos tipos de backup: los backups físicos y los backups lógicos. Los backups físicos es la operación en la que los archivos físicos de la base de datos se copian en un medio cualquiera, generalmente discos duros externos de backup que tienen una gran capacidad de almacenamiento y que "físicamente" podrán ser repuestos en cualquier momento. Mientras que el backup lógico se realiza a través de una utilidad de la propia base de datos, responsable por leer las tablas/tablespaces indicadas y grabarlas en otro lugar.

Es importante tener en cuenta que el backup debe estar almacenado en otro servidor diferente, evitando así ser alcanzado en caso de una catástrofe (incendio, inundación, entre otras).

Almacenamiento de Datos

Se han creado muchas formas de maximizar la seguridad en base a las nuevas tecnologías, hardwares y métodos de soporte a los procesos de backup y recuperación, tales como:

- **Clustering**: También conocido como Cluster, puede ser definido como un sistema donde dos o más ordenadores trabajan de manera conjunta para realizar procesamientos pesados. Los ordenadores dividen las tareas de procesamiento y trabajan como si fueran un único ordenador. Este es diseñado de tal forma que en el fallo en uno de los componentes sea transparente a los usuarios.
- **Mirrored (espejo):** Los discos están en espejo, es decir, se realiza una copia exacta de cada uno en servidores diferentes. En caso de fallo o pérdida de un disco, el otro asume enteramente el rol hasta la sustitución del disco con problemas. Tiene como ventaja no gastar tiempo en restaurar la copia, ya que sucede en tiempo real, pero necesita de backup en caso de fallo en los datos del servidor principal. Es necesario tener por lo menos dos servidores.
- **Device Parity Protection:** La protección de paridad tiene la tecnología similar a la del RAID-5 (redundant array of independent disks). Esta permite el mantenimiento concurrente cuando hay un fallo en uno de los discos, ya que divide toda la

información que llega y la distribuye de un modo idéntico en todos los discos. Merece la pena recordar que esa tecnología no sustituye a la estrategia de backup y recovery. La protección de paridad puede impedir que su sistema se pare cuando suceden determinados tipos de fallos. Puede disminuir el tiempo de recuperación para determinados tipos de fallos. Sin embargo no protege de otros muchos tipos de fallos, tales como un desastre local o un error del operador o del programador.

- **Dual System:** Dos sistemas, donde uno de ellos (primario) actualiza constantemente el otro (secundario), permitiendo así la existencia de una base de datos duplicada y actualizada. Cuando el sistema primario falla, el sistema secundario asume su rol. Es una técnica semejante al mirrored.
- **Contingencia:** Modelo de proceso que tiene como objetivo implementar las medidas para garantizar la disponibilidad de los principales servicios y la continuidad de los negocios vitales de la compañía en situaciones de desastre o contingencia. En caso de necesidad, todo sistema puede ser transferido hacia una instalación contratada a un proveedor de servicios de contingencia (datacenter). Ese cambio envuelve la conmutación de los links de comunicación entre la web de contingencia y todas las filiales del cliente.

Tipos de Backups

- **Copia simple**: el backup es llamado de simple cuando no envuelve la compresión de datos;
- **Normal**: consiste en almacenar todo lo que fue solicitado, pudiendo ser realizada la compresión de los datos o no. Este método también es llamado de backup completo cuando son grabadas todas las informaciones existentes en la base. La desventaja de ese método es que se gasta mucho tiempo y espacio en los medios de almacenaje;
- **Diferencial**: sólo se realiza después de un backup completo. Se graban las diferencias entre los datos grabados en el último backup completo.

Administración de la Base de Datos

Entendiendo cómo funciona la organización física de una base de datos.

Cuando creamos una base de datos, el SQL Server hace una pre-asignación de espacio, segmentando la base de datos en páginas de 8kb, numeradas secuencialmente. Cada conjunto de ocho páginas contiguas forman una unidad lógica mayor denominada extensión (extent). Una tabla nace en una extent mixta y crece en extents uniformes, por cuestión de optimización de espacio.

Cuando una tabla es creada, el SQL Server hace una consulta en las páginas que controlan extents mixtas para obtener una dirección de extent con espacio disponible. De la misma manera, cuando esa tabla necesita expandirse será efectuada una búsqueda en las páginas que controlan extents uniformes para obtener la dirección de una extent libre (estamos hablando de páginas GAM y SGAM respectivamente).

- GAM: Global Allocation Map
- SGAM: Shared Global Allocation Map

- Las páginas GAM controlan la asignación de extents uniformes;
- Páginas SGAM controlan la asignación de extents mixtas.

Esas páginas son creadas en el momento de la "demarcación" de la base de datos, que acontece en su creación o en el momento de la expansión.

En una base de datos, la tercera página estará siempre ocupada por una página GAM y la cuarta por una SGAM, estas son responsables de gestionar las próximas 64.000 extents. La página GAM utiliza un bit para informar si la próxima extent está libre o no; como existen 8.000 bytes libres en una página, y cada byte controla 8 extents secuenciales, llegamos al resultado de 64.000 extents controladas por una página GAM.

Por lo tanto, el duo de páginas GAM/SGAM controlan hasta 4GB de datos (64.000 * 64KB) (64 KB es el tamaño de una extent). Si usted crea una base de datos de 5GB, se encontrará con 2 páginas GAM; la primera será la página número 3 y la segunda vendrá después de aproximadamente 64.000 * 8 = 512.000 páginas (en realidad, 511.232, ya que se descuentan 97 bytes de cada página para el control interno). El mismo criterio vale para las páginas SGAM, ocupando las posiciones del número 4 y 511.233.

Pag 0 Header de la Base de datos	Pag 1	Pag 2	Pag 3		Pag 8088		Pag 16176		Pag 511232	Pag 511233
	PFS	GAM	SGAM	.....	PFS	.....	PFS	.....	GAM	SGAM

Además de administrar extents con páginas GAM/SGAM, existe un control adicional, informando si la página está o no asignada y su porcentaje de utilización. Ese control es ejercido por las páginas con el anacrónimo PFS, de Page Free Space. Cada página PFS controla 8.088 páginas contiguas en una base de datos. La primera página PFS es la del número 1, luego después del header de la base de datos, representada por la página 0. Como muestra la Figura de arriba.

Existe un control utilizado para gestionar las extent utilizadas por heaps e índices, suministrado por las páginas IBAN (Index Allocation Map). Una página IBAN controla 512.000 páginas de una tabla. Diferentemente de las páginas GAM, SGAM y PFS que son demarcadas en la creación y/o modificación de tamaño de la base de datos, las páginas IBAN están asignadas aleatoriamente (= "on demand") a medida que la tabla (o índice crece). Las páginas IBAN se utilizan en conjunto con las páginas PFS para orientar la base de datos en las inclusiones.

Así, cuando sucede un insert en una heap y la página actual ya se encuentra totalmente llena, se efectua una búsqueda conjunta en las páginas IBAN y PFS para determinar una página ya perteneciente a esa tabla para acomodar la inserción. Si no encuentra espacio en las páginas PFS, se efectuará una petición en la página GAM para una nueva extent.

Observación: las tablas con índices cluster no se orientan en base a las páginas IBAN, ya que las inserciones no están basadas en la teoría de "donde existe espacio", sino en la clave del índice cluster.

Visualizando la organización física de una base de datos.

Comando: dbcc checkalloc

```
******************************************************************
Table sys.sysrscols Object ID 3.
Index ID 1, partition ID 196608, alloc unit ID 196608 (type In-row
data). FirstIAM (1:2261). Root (1:80). Dpages 0.
Index ID 1, partition ID 196608, alloc unit ID 196608 (type In-row
data).
75 pages used in 9 dedicated extents.
Total number of extents is 9.
******************************************************************
```

Filegroups

Los Filegroups son estructuras lógicas que sostienen los archivos de datos en una base de datos. Una base de datos estándar tiene un archivo de datos y un archivo de log; el archivo de datos está asociado a un filegroup llamado PRIMARY. Se pueden crear otros archivos de datos así como otros filegroups, pero ¿Por qué, cómo y cuándo crear otros filegroups"

Arquitectura de una base de datos

A pesar del nombre singular, una base de datos es una estructura formada por por lo menos dos archivos: uno para el almacenamiento de datos (Master Data File, extensión .MDF) y otro reservado para el log de las transacciones (Log Data File, extensión .LDF). Vea la Figura 1.

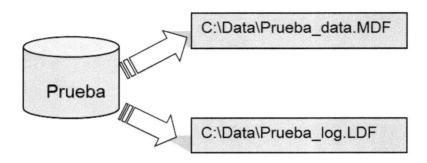

Además de los archivos .MDF y .LDF, es posible crear otros archivos para el almacenamiento de datos. Estos archivos secundarios tienen la extensión .NDF, de Secondary Data Files y se pueden crear en el mismo filegroup del archivo .MDF (PRIMARY) o en otro filegroup.

La decisión de utilizar el mismo filegroup o crear uno nuevo depende de la finalidad del archivo secundario. A continuación veremos algunas situaciones cuya resolución se basa en la implementación de filegroups.

El archivo de datos principal alcanzó un tamaño que extrapola la capacidad de la unidad de almacenamiento (disco externo o cinta DLT) utilizada en el backup. Ese problema se puede resolver con la reasignación de tablas en otro filegroup, distribuyendo el backup final en partes más pequeñas que no sobrepasen la capacidad del disco externo. En ese caso, se debe crear otro filegroup para almacenar el archivo secundario.

Usted necesita crear una base de datos con un tamaño inicial de 35GB, pero no tiene ese espacio en una única unidad de disco. La distribución es la siguiente: 20GB en la unidad C y 15GB en la unidad D. ¿Cuál es la solución" Cree un Master Data File con 15GB en C y un Secondary Data File con 20GB en D. Los dos archivos constituirán una unidad única de gestión de espacio. El archivo secundario creado en la unidad D será vista por el SQL Server como una extensión natural del archivo primario. En esos casos, el archivo secundario se deberá crear en el mismo filegroup del archivo que se desea expandir (PRIMARY).

Usted puede mejorar la performance de una base de datos creando índices y tablas en filegroups diferentes, localizados en unidades y controladores específicos. Si las páginas de datos de las tablas se almacenans en unidades diferentes de aquella utilizada para los índices (por ejemplo C y D), las búsquedas que utilizan índices se verán beneficiadas por las lecturas ejecutadas en paralelo. En ese caso, se debe crear otro filegroup para almacenar el archivo secundario.

La Figura 2 es un retrato de una base de datos que utiliza archivos secundarios para el almacenamiento de datos.

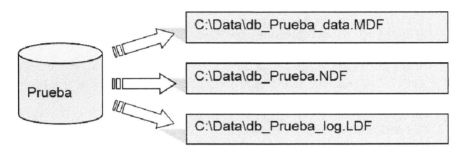

Creando una base de datos a través de mandos T-SQL

```
CREATE DATABASE [Prueba] ON PRIMARY
(
NAME = N'Prueba_Data',
FILENAME = N'c:\Data\Prueba_Data.MDF',
SIZE = 1,
FILEGROWTH = 15%
)
LOG ON
(
NAME = N'Prueba_Log',
FILENAME = N'c:\Data\Prueba_Log.LDF',
SIZE = 1,
FILEGROWTH = 15%
)
```

En el ejemplo anterior, creamos la base de datos Prueba_Data en el filegroup PRIMARY representado por c:\Data\Prueba_data.MDF. la base de datos también tiene un archivo de Log en c:\Data\Prueba_Log.LDF, pero todavía no creamos archivos secundarios.

Añadiendo un archivo secundario

```
ALTER DATABASE [Prueba]
  ADD FILE
(
NAME = N'Prueba_Data2',
FILENAME = N'C:\Data\Prueba_Data2.NDF',
SIZE = 1,
FILEGROWTH = 15%
) TO FILEGROUP [PRIMARY]

CREATE DATABASE Ejemplo
ON PRIMARY
( NAME = ejemplo_primaria,
  FILENAME = 'C:\Datossql\ejemplo\ejemplo_primaria.mdf',
  SIZE = 10,
  MAXSIZE = 50,
  FILEGROWTH = 15%),
( NAME = ejemplo_sec1,
  FILENAME = 'C:\Datossql\ejemplo\ejemplo_sec1.ndf',
  SIZE = 10,
  MAXSIZE = 50,
  FILEGROWTH = 20%),
FILEGROUP VentasGroup1  --File grupo secundario
( NAME = ejemplo_sec2,
  FILENAME = 'C:\Datossql\ejemplo\ejemplo_sec2.ndf',
  SIZE = 10,
  MAXSIZE = 50,
  FILEGROWTH = 10%),

( NAME = ejemplo_sec3,
  FILENAME = 'C:\Datossql\ejemplo\ejemplo_sec3.ndf',
  SIZE = 10,
  MAXSIZE = 50,
  FILEGROWTH = 20%),
FILEGROUP VentasGroup2  --segundo filegroup
( NAME = ejemplo_sec4,
  FILENAME = 'C:\Datossql\ejemplo\ejemplo_sec4.ndf',
  SIZE = 10,
  MAXSIZE = 50,
```

```
  FILEGROWTH = 10%),
( NAME = ejemplo_sec5,
  FILENAME = 'C:\Datossql\ejemplo\ejemplo_sec5.ndf',
  SIZE = 10,
  MAXSIZE = 50,
  FILEGROWTH = 20%)
LOG ON
( NAME = ejemplo_log,
  FILENAME = 'C:\Datossql\ejemplo\ejemplo_lo.ldf',
  SIZE = 8MB,
  MAXSIZE = 32MB,
  FILEGROWTH = 4MB)
```

Conclusión

En el SQL Server tenemos el concepto de Filegroup. Este concepto muchas veces no se utiliza en la práctica por falta de comprensión de lo que este significa, de cómo puede ser utilizado y cuáles son las ventajas en utilizar filegroups.

La utilización de un filegroup permite que los archivos de una Base de Datos sean agrupados para facilitar la gestión, así como la distribución a lo largo de volúmenes redundantes y de mejor rendimiento (RAID-0, RAID-1, etc.). La utilización de filegroup puede ser un soporte valioso en la mejoría del rendimiento de una Base de Datos, al permitir que la Base de Datos (a través de sus diversos archivos) sea creada en múltiples discos, múltiples controladoras o en sistemas del tipo RAID. También podemos hacer que una tabla o índice sea creada en un disco específico, simplemente asociando la tabla o índice con un filegroup.

Seguridad en las Bases de Datos

El capítulo abordará la seguridad en base de datos, informando los principales conceptos que envuelven el asunto. En este capítulo veremos algunos tipos de seguridad que existen actualmente, y también una solución para un problema corriente que son las inyecciones de SQL.

Hablaremos sobre las cuentas de usuarios, las concesiones de privilegios y revocaciones de los mismos, realizados por el DBA (administrador de base de datos) responsable de toda la seguridad y confiabilidad del sistema de datos. La criptografía, es una buena alternativa para la protección de datos y para el mantenimiento del sigilo de la información. Y por fin, la importancia de hacer el backup de la base de datos.

El principal objetivo de este capítulo es comprender el conocimiento en seguridad de base de datos, un punto de gran importancia para cualquier empresa que desea mantener la integridad, la disponibilidad y la confidencialidad de sus datos, ya que es el cimiento para crecer en el mercado que cada vez es más competitivo.

Los tópicos que veremos a continuación están relacionados con la seguridad en la base de datos, que está divido en un tópico principal y tres más (3) subtópicos.

Los principios de la seguridad de la información

A continuación veremos los tres principios de la seguridad de la información, explicando así sus conceptos correspondientes.

Control de redundancia

La redundancia se caracteriza por contener una información de forma duplicada. El control de redundancia por su parte, no permite insertar dos registros con la misma clave primaria o eliminar algún registro que esté relacionado con otras tablas, para que así no haya inconsistencia de datos. Pero para eso, el SGBD (Sistema Gestor de Base de Datos) debe ofrecer este recurso.

Control de competencia

Cuando se ejecutan las transacciones SQL concurrentemente, es decir, a la vez, puede haber una violación en la consistencia de la base de datos, aunque cada operación se haya realizado individualmente correcta.

Hoy, los sistemas desarrollados utilizan la multiprogramación, esto nos permite la ejecución de transacciones teniendo como objetivo el reparto del procesador. Por eso, existe la necesidad de controlar la interacción de esas transacciones, a través del control de competencia, por medio de mecanismos especializados.

Restricciones de integridad

Las restricciones de integridad sirven exactamente para evitar daños accidentales en una Base de Datos, garantizando así que las modificaciones realizadas por usuarios autorizados no den como resultado en la inconsistencia de datos.

Otra utilización es asegurar que un valor que está en una relación de un conjunto de atributos también esté para cierto conjunto de atributos en otra relación.

Tipos de seguridad

La seguridad en bases de datos es un tema muy extenso, que envuelve algunas cuestiones:

- Cuestiones legales y éticas referentes al acceso a ciertas informaciones, cuales son clasificadas como privadas, y cuáles pueden ser sólo accedidas por personas autorizadas.
- Cuestiones del sistema, por ejemplo, si las funciones de seguridad deben estar implementadas en el nivel de hardware, nivel de sistema o en el nivel de SGBD. Donde también existen clasificaciones sobre la importancia de los datos - altamente secreto, secreto, no secreto.

Existen amenazas a los bases de datos que acaban en la pérdida de los siguientes itens: integridad, disponibilidad y confiabilidad.

La integridad de la base de datos se refiere a la exigencia de que la información esté asegurada de modificaciones impropias, incluyendo la creación, la inclusión, la modificación y la eliminación. Si ocurre una pérdida de la integridad de los datos y no esta no se corrige, pueden causar imprecisión, dando como resultado final la toma de decisiones equivocadas.

La disponibilidad de los datos es esencial, ya que se encarga de hacer que los objetos estén siempre disponibles para el usuario o para el software que tenga derecho de acceso a estos.

La confiabilidad está conectada a la protección de los datos, es algo importantísimo, ya que la exposición de ciertas informaciones puede tener como consecuencias la mala imagen de los envueltos, la pérdida de la confianza o en una acción contra la institución o empresa.

En este contexto, para proteger la base de datos contra esas amenazas, el SBGD debe ofrecer mecanismos que restrinja a usuarios o grupos el acceso a partes específicas de una base de datos. Todo eso es de gran importancia cuando se tiene un gran volumen de datos a los que se acceden, por muchos usuarios diferentes que existan en una organización. Actualmente se utilizan dos tipos de mecanismos de seguridad, estos son:

- Mecanismos de acceso discrecional: utilizados para conceder privilegios a usuarios (lectura, inclusión, eliminación y actualización).

- Mecanismos de acceso obligatorio: implementados para establecer niveles de acceso clasificando los datos y los usuarios, basándose en el concepto de roles y conforme a las políticas de seguridad de la empresa.

La seguridad y el DBA

El administrador de base de datos (DBA) es la autoridad máxima, donde sus funciones son incluir la concesión de privilegios, clasificación de usuarios y datos de acuerdo a las políticas de acceso de la empresa.

También conocido como superusuario, el DBA concede y revoca privilegios a usuarios específicos y/o a grupos de usuarios, tecleando comandos para las siguientes situaciones:

- Creación de cuentas: crea cuentas para nuevos usuarios o grupos para así habilitar el acceso a la base de datps.
- Concesión de privilegios: es la acción en la que se conceden nuevos privilegios a determinadas cuentas.
- Revocación de privilegios: consiste en cancelar ciertos privilegios antes concedidos a algunas cuentas.
- De esa forma, el DBA es el responsable de garantizar que los datos estén seguros de cualquier amenaza externa.

Cuentas de Usuario

Las cuentas de usuario son creadas por el DBA, para que una persona o grupo pueda tener acceso a la base de datos, pero sólo serán creadas si realmente es necesario. De esta manera, el usuario recibe un login y contraseña que serán utilizadas para la realización del acceso.

No hay dificultades en mantener informaciones de los usuarios de la base de datos y de sus cuentas y contraseñas por medio de la creación de una tabla o un archivo cifrado con los dos campos NumeroDeCuenta y Contraseña (...) Siempre que se crea una cuenta nueva, se incluye un nuevo registro en la tabla. Cuando una cuenta se cancela, el registro correspondiente debe ser eliminado de la tabla.

El sistema también debe mantener todas las operaciones realizadas por el usuario desde su entrada (login) hasta su salida (log off), manteniendo así todas las interacciones realizadas durante la conexión.

Inyección de SQL

En un sistema donde tenemos el almacenamiento de las informaciones en una base de datos y una interacción con el usuario vía Web, existe la posibilidad de inyección de SQL (SQL Injection). Este ataque es básicamente la ejecución de comandos SQL, tanto DML (select, insert, update y delete) como DDL (create, drop y alter). Estos comandos se ejecutan a través de las entradas de formularios web, es decir, en el local destinado para la introducción de datos por parte del usuario, donde se pasan comandos SQL, que por fallos en las aplicaciones acaban dando como resultado en modificaciones de la base de datos o en el acceso indebido a la aplicación.

La figura a continuación muestra un ejemplo práctico de un tipo de ataque que puede ser hecho por hackers.

Figura 1: Ejemplo de inyección SQL.

Un usuario común normalmente tecleará su login y contraseña, lo que haría que la aplicación verificara los mismos en la base de datos. Pero como podemos ver, se ha tecleado un comando SQL en el campo contraseña, que resulta en la siguiente instrucción:

SELECT * FROM tabla_usuarios WHERE login = '123' AND contrasena = ' ' OR '1' = '1'

Podemos observar que esta instrucción independiente de que sea tecleada en el campo login y contraseña, la condición siempre será verdadra, acarreando en la entrada indeseada de un usuario que no tiene permiso de acceso al sistema.

Este hecho puede ser algo muy peligroso al tratarse de una vulnerabilidad de los datos, ya que el usuario puede ejecutar varios otros comandos, como de eliminación o modificación de tablas, pudiendo causar daños irreversibles al sistema, teniendo así una inconsistencia o pérdida de datos valiosos.

Imposibilitando la inyección SQL

La mejor alternativa para imposibilitar la inyección SQL, es la validación de todas las entradas. Así todos los valores originados en la recolección de datos externos deben ser validados y tratados a fin de impedir la ejecución de eventuales instrucciones destructivas u operaciones que nes decirn las esperadas. De esta forma, tomando todas las medidas de precaución, difícilmente su sistema sufrirá un ataque de este tipo.

Privilegios

Con la intención de controlar la concesión y revocación de los privilegios, el SGBD por defecto atribuye una cuenta de propietario, la cuenta que justamente estaba siendo utilizada para la creación del nuevo SCHEMA de la base de datos. De esa manera, el propietario recibe todos los privilegios sobre aquella relación.

Algunos comandos utilizados en las concesiones son: Para conceder privilegios a usuarios y grupos, se utiliza el comando GRANT. Cualquier privilegio concedido por el comando GRANT es añadido a los ya concedidos, si existieran (...) La palabra clave PUBLIC indica que los privilegios deben ser concedidos para todos los usuarios, inclusive a los que sean creados posteriormente (...) Si se especifica con WITH GRANT OPTION quién recibe el privilegio podrá, por su parte, conceder el privilegio a terceros.

Los privilegios concedidos a un usuario o a un grupo son sólo permisos de acceso a determinadas tablas, pudiendo así realizar varios tipos de permisos: "SELECT, INSERT, UPDATE, DELETE, RULE, REFERENCES, TRIGGER, CREATE, TEMPORARY, EJECUTE y USAGE".

A continuación vamos a ver varios ejemplos de comandos en la concesión de privilegios. Suponiendo que la CUENTA1 desea conceder a la CUENTA2 el privilegio de insertar datos en la tabla USUARIO:

GRANT INSERT ON USUARIO TO CUENTA2;

Para que la CUENTA1 pueda conceder privilegios a otras cuentas esta necesita obligatoriamente tener el GRANT OPTION, lo que le permite realizar ese tipo de operación.

Ahora imagine que CUENTA1 desea permitir a la CUENTA3 que

recupere y actualice la tabla y que sea capaz de propagar el privilegio SELECT y UPDATE. El comando sería así:

GRANT SELECT, UPDATE ON PRODUCTOS TO CUENTA3 WITH GRANT OPTION ;

Privilegios usando Vistas

Las vistas (views) es un óptimo mecanismo para restringir la visualización de determinadas columnas, que supuestamente contienen contenidos sigilosos, por alguno o varios usuarios.

Por ejemplo, si el propietario de la relación quiere que determinado usuario sólo tenga acceso a sólo algunos campos de una tabla, entonces la utilización en este caso, consiste en la creación de una vista que incluya solamente aquellas tuplas (columnas).

Revocación de Privilegios

En determinados momentos, es interesante conceder un privilegio a un usuario y posteriormente revocar el mismo. Este concepto lo podemos ejemplificar de la siguiente manera: El propietario de una relación puede querer conceder el privilegio SELECT a un usuario para una tarea específica y después revocar aquel privilegio cuando la tarea esté completada (...) Por eso, es necesario un mecanismo para la revocación de privilegios. En el lenguaje SQL el comando REVOKE sirve para exactamente revocar privilegios. A continuación, vea un ejemplo:

REVOKE SELECT ON PERSONAS FROM CUENTA5;

En este caso, el DBA revocó al usuario CUENTA5 el privilegio SELECT sobre la tabla PERSONAS. De esa manera, este su privilegio fue revocado.

Control de Flujo

El control de flujo controla el flujo de las informaciones entre objetos. Los controles de flujo verifican si las informaciones contenidas en algunos objetos no fluyen explícita o implícitamente para los objetos de menor protección.

Una política de flujo más simple utiliza dos clasificaciones para las informaciones: confidencial (C) y no confidencial (NC). Ese método en la mayoría de las situaciones resuelve el problema, por ejemplo, de cuando se contienen datos de los clientes, donde algunos de estos son de carácter sigiloso.

Las técnicas de control de flujo deben garantizar que sólo los flujos autorizados, explícitos e implícitos, sean ejecutados.

Canales secretos

Un canal secreto sería el permiso de una transacción de datos que infrinja las reglas de seguridad. Entonces, este permite que una información de nivel alto pase para un nivel más bajo, de manera ilegal.

Los especialistas dicen que la mejor forma de evitar esa práctica es bloquear el acceso de los programadores a las informaciones personales de clientes, como salario o saldo bancario, por ejemplo.

Criptografía

La criptografía es una de las mejores soluciones para almacenar o transferir datos, suponga que alguna información recala en mano indebidas, si esta está cifrada, es decir, que se haya usado un algoritmo de criptografía, la persona que la obtuvo tendrá dificultades en conseguir encontrar el significado real, ya que la criptografía enmascara la información intercambiando los caracteres por otros, disfrazando el sentido de las palabras.

La Importancia de los Backups

El backup de datos es algo de extrema importancia, porque imagine el tamaño del trastorno si una empresa pierda sus datos, lo cual puede suceder por diversos motivos, caída de energía, virus en el servidor, fallo humano, catástrofes naturales, entre otros.

Una de las soluciones es el uso de medias ópticas (CD o DVD) o de un HD externo. Usted puede crear rutinas diarias o semanales, para la copia de archivos de su servidor u ordenador.

Existe otra opción muy utilizada que es el uso de servidores en espejo, donde ellos trabajan a la vez. Los HDs están configurados para ser "espejos" uno del otro, es decir, los archivos generados en el HD principal están automáticamente grabados en los demás HDs en espejo. Así, si sucede que el servidor principal falla por algún motivo, el servidor secundario pasa a ser el primario.

La alternativa más reciente es la utilización de la computación en la nube, cloud computing, los archivos quedan almacenados en servidores por todo el mundo, así pueden ser accedidos desde cualquier lugar en el que se tenga Internet.

Conclusión

El área de base de datos está siempre en alta, por ser la base de cualquier aplicación sea esta desktop o web. La protección de los datos de una empresa es un asunto de gran importancia, ya que puede estar ahí el diferencial con los competidores. Para vencer en el mundo de los negocios es necesario tener la información como estrategia de competitividad.

Así, observamos que los datos son muy valiosos, por eso todas esas prácticas son válidas, buena parte de estas deben estar implementadas en un buen sistema de seguridad de datos, para así garantizar la integridad, la disponibilidad y la confidencialidad de sus datos.

Índices

Crear un índice eficiente no es una tarea sencilla; requiere conocimiento de las queries en ejecución y de los diferentes tipos de índices disponibles.

Los Índices son estructuras que tienen algoritmos optimizados para acceder a los datos. Así como en las tablas, las páginas de índices también ocupan espacio físico. El cuerpo de un índice está formado por las columnas de la tabla cuyos datos se desea clasificar seguido de una referencia conocida como "puntero", que sirve para localizar la clave en la página de datos de la tabla.

Los Índices en el SQL Server se construyen sobre estructuras denominadas árboles balanceadas (="B-Tree"), cuyo dibujo recuerda el esqueleto de una pirámide. La idea de ese algoritmo es suministrar un modelo de búsquedas que agilice el proceso de búsqueda, efectuando un número reducido de lecturas en las páginas del índice para que obtener la localización de la clave buscada.

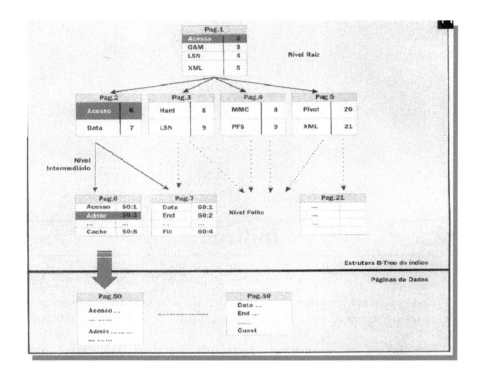

Tipos de índices del SQL Server

Existen los tipos básicos de índices en el SQL Server son:

- Cluster
- No-cluster
- Hash
- Full-Text

Dónde:

- **Los Índices cluster**: imponen una organización en la propia página de datos de la tabla, haciendo que permanezcan clasificadas de acuerdo con la composición de su clave.
- **Los Índices no-cluster**: tienen estructura propia, manteniéndose vinculados a las páginas de datos para la utilización de punteros.

La tabla SysIndexes es la responsable del almacenamiento de los metadados del índice. En esa tabla localizamos el nombre del índice, una indicación de su tipo (cluster o no-cluster), el número de páginas utilizadas, el número de modificaciones desde que el último cálculo de estadísticas fue ejecutado etc.

select * from sysindexes

Las Tablas sin índice cluster, más conocidas como heaps, tienen una línea en SysIndexes que es IndId=0. Si una tabla tiene índice cluster, este será indicado con IndId=1. Por lo tanto, si usted quiera listar las tablas que no tienen índice cluster en su base de datos, solamente tiene que seleccionar las entradas en SysIndexes para IndId=0.

select * from sysindexes where indid=0

El término cluster index scan se utiliza para especificar exploraciones secuenciales en las páginas de datos de una tabla que tiene índice cluster. En ese caso, la página inicial de la tabla se encuentra en SysIndexes para IndId=1.

El término table scan se utiliza para especificar exploraciones secuenciales en las páginas de datos heaps. En ese caso, la página inicial de la tabla se encuentra en SystemIndexes. FirstIam para IndId=0.

Revisando

Las páginas de datos de las tablas con índice cluster están "conectadas" las unas a la otras, es decir, en el encabezado de cada página se encuentran referencias a la página anterior y posterior (= Next/Previous Page).

Mientras que en los heaps el proceso es diferente por el hecho de que las páginas de datos no tienen ordenación. Se puede iniciar un lote de inserción en una página localizada "en medio de la tabla", utilizando el espacio generado por una serie de eliminaciones y terminar el proceso "en el fin de la tabla", asignando así una nueva extend.

Creación de un índice paso a paso

Usando el entorno visual del SQL Server. Expanda la base de datos seleccionando la opción Tables. Haga clic con el botón derecho sobre la tabla en la que usted desea crear el índice y, seleccione Design Table y en la barra de herramientas clic en manager Indexes/keys 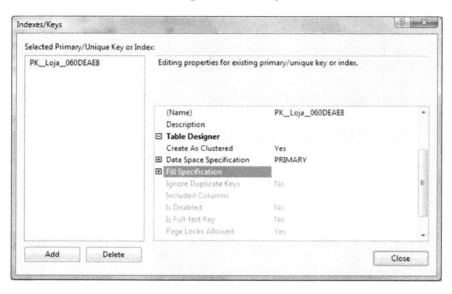.

Indexes/Keys

Selected Primary/Unique Key or Index:

PK_Loja_060DEAE8

Editing properties for existing primary/unique key or index.

(Name)	PK_Loja_060DEAE8
Description	
Table Designer	
Create As Clustered	Yes
Data Space Specification	PRIMARY
Fill Specification	
Ignore Duplicate Keys	No
Included Columns	
Is Disabled	No
Is Full-text Key	No
Page Locks Allowed	Yes

Add   Delete   Close

Las opciones disponibles en la pantalla de mantenimiento de índices son:

- **Table Name**: nombre de la tabla donde se desea crear el índice.
- **Type**: los tipos posibles son Index o Unique Key.
- **Index Name**: nombre del índice.
- **Column Name... Order**: columnas que componen la clave del índice.
- **Index Filegroup**: indicación del filegroup para la creación del índice.
- **Create Unique**: Unique quiere decir único, que no permite duplicidades.
- **Fill Factor**: indica el porcentaje de relleno de las páginas del índice en el momento de su creación. Un factor de relleno del

80% informa que será utilizado solamente 80% de la capacidad de la página para la ocupación de las líneas del índice.

- **Create as Clustered**: indica que el índice creado será del tipo cluster. Recuerde que sólo es posible crear un índice cluster por tabla.
- **Recompute statistics**: las estadística de distribución de datos por la clave del índice son esenciales para el optimizar la evaluación de una query y, por default, son actualizadas automáticamente después de un determinado número de modificaciones en el índice.

También tenemos que destacar también que:

El valor default para fill factor es cero (visible en el New Query bajo el comando sp_configure "fill factor").

Fill factor es una opción avanzada de optimización, por lo tanto se debe utilizar solamente en aquellos índices donde se observó una fragmentación excesiva. Utilizar esa opción de manera genérica para todos los índices de la base de datos no es una buena práctica.

Observaciones

Considerando un proceso semanal de reestructuración de índices, se puede decir que fill factor de determinado índice será adecuado a medida que los indicadores del comando DBCC SHOWCONTIG Scan Density y Avg. Page Density (full) se mantienen cercanos al 100%. Mientras más distante esté del 100%, mayor será la necesidad de utilización del fillfactor para controlar los costosos page-splits. Por lo tanto, si usted encuentra índices de scan density muy inferiores al 80%, pruebe a establecer un pequeño fill factor y revalúe la fragmentación después del mismo periodo. Comience, por ejemplo, con un índice del 95% para fill factor y vaya disminuyendo hasta encontrar su punto óptimo.

Ejemplo:

1. Muestra las informaciones de la tabla Orders

2. dbcc showcontig (Orders)
3. Muestra las informaciones de la tabla Orders, Índice OrderDate
4. dbcc showcontig (Orders,OrderDate)

DBCC SHOWCONTIG (Orders)

```
Messages
DBCC SHOWCONTIG scanning 'Orders' table...
Table: 'Orders' (21575115); index ID: 1, database ID: 20
TABLE level scan performed.
- Pages Scanned................................: 20
- Extents Scanned..............................: 4
- Extent Switches..............................: 3
- Avg. Pages per Extent........................: 5.0
- Scan Density [Best Count:Actual Count].......: 75.00% [3:4]
- Logical Scan Fragmentation ..................: 15.00%
- Extent Scan Fragmentation ...................: 25.00%
- Avg. Bytes Free per Page.....................: 146.5
- Avg. Page Density (full).....................: 98.19%
DBCC execution completed. If DBCC printed error messages, contact your
100 %
```

DBCC SHOWCONTIG (Orders, OrderDate)

```
Messages
DBCC SHOWCONTIG scanning 'Orders' table...
Table: 'Orders' (21575115); index ID: 6, database ID: 20
LEAF level scan performed.
- Pages Scanned................................: 2
- Extents Scanned..............................: 2
- Extent Switches..............................: 1
- Avg. Pages per Extent........................: 1.0
- Scan Density [Best Count:Actual Count].......: 50.00% [1:2]
- Logical Scan Fragmentation ..................: 50.00%
- Extent Scan Fragmentation ...................: 0.00%
- Avg. Bytes Free per Page.....................: 626.0
- Avg. Page Density (full).....................: 92.27%
DBCC execution completed. If DBCC printed error messages, contact your
100 %
```

La sintaxe T-SQL para la creación de índices:

CREATE   [UNIQUE][CLUSTER | NONCLUSTER]   INDEX
index_name

```
ON {table|view} (COLUMN [asc|desc][, ...N ])
[ with <index_option> [ ,...N] ]
<index_option> ::=
   { pad_index |
     FILL FACTOR = fillfactor |
     IGNORE_DUP_KEY |
     DROP_EXISTING | STATISTICS_NORECOMPUTE |
     SORT_IN_TEMPDB
]
```

Dónde:

- **DROP_EXISTING**: la cláusula DROP-EXISTING hará un rebuild en los índices. (es aplicable solamente sobre índices).
- **STATISTIC_NORECOMPUTE**: deshabilita la actualización automática de las estadísticas del índice, informando al SQL Server que las estadísticas del índice serán actualizadas mediante un proceso manual. Tener estadísticas desactualizadas acarreará en la elección de planes de ejecución ineficientes, por lo tanto se sugiere no utilizar esa opción.
- **SORT_IN_TEMPDB**: si usted tiene el TempDB localizado en un conjunto de discos separados del filegroup de la base de datos, utilice esa opción para obtener ganancia de performance en la reconstrucción del índice.

Consejos para construir y mantener índices eficientes:

- Mientras más compactado sea el tamaño de la clave del índice, mejor;
- Proceso de Scan (Clustered Index Scan o Table Scan) en tablas con gran número de líneas representan un embotellamiento durante la ejecución. Este atento a eso.
- Intente crear siempre un índice cluster en sus tablas.
- No cree índices en tablas con un número pequeño de líneas.
- Mantenga las estadística actualizadas. Mantenga las opciones Auto-Create/Update Statistics conectadas.
- Cree rutinas de indexación periódicas. Las rutinas de indexación son fundamentales para garantizar de performance. No se olvide de ellas.
- Utilice el Profiler como herramienta de soporte en el rastreo de

queries durante un largo tiempo de ejecución. Aproveche la oportunidad para crear índices más eficientes o de excluir índices inútiles.

- Utilice el Index Tunning Wizard como herramienta de soporte para el tuning de índices.
- Al crear índices compuestos, mantenga la columna más selectiva en el primer nivel de la clave.
- Dé preferencia a los índices basados en columnas numéricas en oposición la columnas char o varchar. Los Índices basados en columnas numéricas son más eficientes.
- No cree índices duplicados. Un error bastante común es crear índices con la misma estructura de otros ya existentes. Habitúese a ejecutar un sp_HelpIndex para confirmar los índices existentes.

Conclusión

Los Índices deben ser creados para agilizar la performance del sistema como un todo, pero habitualmente nos olvidamos de eso. Sub-evaluamos el impacto de la creación de índices en la performance general del sistema, y aquello que fue concebido como un objetivo inicial de ganancia de performance acaba resultando más en un punto de contención.

Optimizar un proceso puede significar eliminar un índice ineficiente, implementar nuevos filtros o modificar los parámetros de la cláusula join de las queries en ejecución. Debemos considerar la creación de índices como recurso de optimización, pero en un análisis conjunto con todos esos factores.

ejemplo. análisis del rendimiento de los índices

Imagine la siguiente situación: usted acabó de concluir un informe que demuestra la productividad de los vendedores en la tirada de pedidos de la empresa Northwind. Ese informe suma los pedidos existentes en la tabla Orders para un determinado vendedor.

Después de concluir el informe, usted verifica en el plan de ejecución que el índice existente EmployeeID no está siendo utilizado en la selección de pedidos de un vendedor y usted decide investigar el porqué.

El select ejecutado en la Figura 1 de a continuación comprueba que el índice Employeeid no está siendo seleccionado, ya que fue utilizado un clustered index scan en PK_Orders.

Usted decide entonces analizar las estadísticas del índice con el comando DBCC SHOW_STATISTICS, para verificar el histograma relacionado a la columna EmployeeID.

Para ello ejecuta el comando:

dbcc show_statistics (orders, employeeID)

El resultado se muestra en la figura de a continuación.

	Name	Updated	Rows	Rows Sampled	Steps	Density	Average key length	String Index	Filter Expression	Unfiltered Rows
1	EmployeeID	Jan 8 2014 5:22PM	830	830	9	0	8	NO	NULL	830

	All density	Average Length	Columns
1	0.1111111	4	EmployeeID
2	0.001204819	8	EmployeeID, OrderID

	RANGE_HI_KEY	RANGE_ROWS	EQ_ROWS	DISTINCT_RANGE_ROWS	AVG_RANGE_ROWS
1	1	0	123	0	1
2	2	0	96	0	1
3	3	0	127	0	1
4	4	0	156	0	1
5	5	0	42	0	1
6	6	0	67	0	1
7	7	0	72	0	1
8	8	0	104	0	1
9	9	0	43	0	1

Query executed successfully. GEORGEDESK\SQL2012 (11.0 RTM) sa (52) NorthWind 00:00:00 12 rows

En base a las estadísticas, constatamos que:

La medida de selectividad de la columna Employeeid en la tabla Orders nos informa que, de los 830 pedidos existentes, 43 (5% del total) fueron realizados por el vendedor del código 9;

La densidad para Employeeid informa que cada empleado tiene una media de 92 pedidos en la tabla Orders (830* 0.111111).

Por fin, podrá deducir que: el índice no fue utilizado debido a la baja selectividad de la columna Employeeid.

El coste de la búsqueda con la utilización del índice es mayor que el proceso de clustered index scan realizado en la tabla.

Podemos comprobar ejecutado los comandos de a continuación.

Observe que al forzar la elección del índice el número de logical reads pasó de 27 a 91.

Ejecutando:

set statistics io on
select * from Orders where EmployeeID = 9

Se obtiene como resultado:

(43 row(s) affected)

Table 'Orders'. Scan count 1, logical reads 27, physical reads 0, read-ahead reads 0, lob logical reads 0, lob physical reads 0, lob read-ahead reads 0.

Ejecutando:

set statistics io on
select * from Orders with (index=EmployeeID) where EmployeeID = 9

Se obtiene como resultado:

(43 row(s) affected)

Table 'Orders'. Scan count 1, logical reads 91, physical reads 0, read-ahead reads 0, lob logical reads 0, lob physical reads 0, lob read-ahead reads 0.

Consideramos que no necesitamos de toda la información contenida en el pedido, sino solamente del número efectivo de pedidos para ese vendedor.

Queremos saber cuántos pedidos fueron emitidos para el vendedor del código 9. Para ello sustituimos entonces el comando

select * from Orders Where employeeid=9

por el comando

select count(*) from Orders where employeeid=9

y analicemos el plan de ejecución en la figura a continuación:

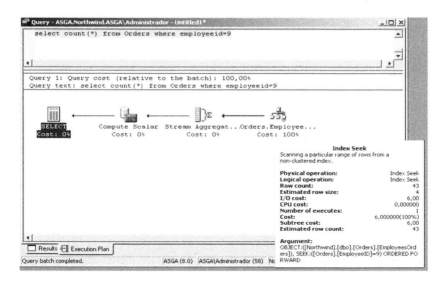

Confirme el cambio en el plan de ejecución, dondel Clustered Index Scan en PK_Orders fue sustituido por el Index Seek en Orders. EmployeeID.

El comando count(*) con el filtro para employeeid=9 viabiliza la query con cobertura del índice EmployeeOrders.

La función CheckSum se puede utilizar para crear la clave hash en oposición a los índices creados en las columnas char o varchar. La ventaja de trabajar con un índice hash es la reducción en el tamaño de la clave del índice. Disminuyendo el tamaño de la clave estaremos aumentando la densidad de líneas por página de índice, induciendo mejorías de rendimiento.

Observación: los índices hash no pueden ser utilizados en comparaciones envolviendo a los operadores >, >=, <, <= o <>, ese tipo de índice se presta solamente para búsquedas igualitarias.

Una clave hash se utiliza como una buena opción de rendimiento en la construcción de un índice, siendo utilizado en la sustitución de claves alfanuméricas largas por un único entero, generado a la partir de funciones matemáticas.

La implementación de esa idea envuelve los siguientes pasos:

Debemos crear una columna calculada, utilizando la función CheckSum para la generación automática del código hash.

```
alter table customers
    add cs_CompanyName las Checksum(CompanyName)
```

Debemos crear un índice sobre esa columna.

```
create index ix_cs_CompanyName on Customers (cs_CompanyName)
```

Podemos realizar una consulta sobre la columna con el código hash de la siguiente forma:

```
select * from Customers
where cs_CompanyName = Checksum('The Cracker Box')
and CompanyName = 'The Cracker Box'
```

Observando las estadísticas del índice CompanyName

```
dbcc showcontig(Customers,CompanyName)
```

```
Messages
    DBCC SHOWCONTIG scanning 'Customers' table...
    Table: 'Customers' (2073058421); index ID: 3, database ID: 5
    LEAF level scan performed.
    - Pages Scanned..............................: 1
    - Extents Scanned.............................: 1
    - Extent Switches.............................: 0
    - Avg. Pages per Extent.......................: 1.0
    - Scan Density [Best Count:Actual Count].......: 100.00% [1:1]
    - Logical Scan Fragmentation ..................: 0.00%
    - Extent Scan Fragmentation ...................: 0.00%
    - Avg. Bytes Free per Page.....................: 3109.0
    - Avg. Page Density (full).....................: 61.59%
    DBCC execution completed. If DBCC printed error messages, contact your system admin
100 %
```

Observando las estadísticas del índice CompanyName

```
dbcc showcontig(Customers,ix_cs_CompanyName)
```

```
  Messages
  DBCC SHOWCONTIG scanning 'Customers' table...
  Table: 'Customers' (2073058421); index ID: 6, database ID: 5
  LEAF level scan performed.
  - Pages Scanned................................: 1
  - Extents Scanned.............................: 1
  - Extent Switches.............................: 0
  - Avg. Pages per Extent.......................: 1.0
  - Scan Density [Best Count:Actual Count].......: 100.00% [1:1]
  - Logical Scan Fragmentation ..................: 0.00%
  - Extent Scan Fragmentation ...................: 0.00%
  - Avg. Bytes Free per Page.....................: 6276.0
  - Avg. Page Density (full)....................: 22.46%
  DBCC execution completed. If DBCC printed error messages, contact your system admin

100 %   ▾  ⟨
```

En el comando select que hemos visto anteriormente, existe una redundancia en la comparación con el nombre del cliente, que es referenciado en la línea de la función CheckSum:

"...Where cs_CompanyName=checksum("The Cracker Box")"
"...AND CompanyName="The Cracker Box"...".

Ese procedimiento es necesario ya que existe la posibilidad de que esa función genere el mismo código hash para inputs diferentes, según indica la propia Microsoft. Para evitar resultados indeseados, se trabaja con la segunda confirmación.

Los Índices hash no se deben utilizar en comparaciones del tipo ...where CompanyName like ("The Craker%").

Optimización y Tunning

Con el paso del tiempo, las tablas tienden a fragmentar los datos que inicialmente estaban próximos y los hacen "espaciados".

Conceptos sobre almacenamiento de datos

En el SQL Server, el almacenamiento se hace en estructuras físicas conocidas como "páginas". Las páginas constituyen la unidad básica de E/S, tienen un tamaño fijo de 8KB y son exclusivas para cada objeto, es decir, dos tablas no pueden ocupar la misma página. Por cuestión de optimización, las páginas están agrupadas en unidades lógicas denominadas "extents". Una extent corresponde a 8 páginas (64KB) y normalmente se utiliza para asignar espacio para tablas e índices. Observe que los extents están asignadas a un mismo tipo de página; de esa forma, las páginas de datos y de índices están asignadas en extents diferentes.

En realidad una página no rellena completamente un registro de 8192 bytes (=8KB). De esa cantidad, se deben descontar 96 bytes destinados al header de la página y 36 bytes para controles de log, resultando en 8060 bytes. De esos 8060 bytes, aún se deben descontar otros 60 bytes para los controles internos de columnas de tamaño variable (varchar, nvarchar), quedando entonces en 8000 bytes.

Tipo de Página	Función
Data	Almacenan datos de tipos diferentes text, ntext e image
Index	Clave de los índices, con punteros direccionados para las páginas de datos.
Text and Image	Almacena datos del tipo text, ntext e image.
Page Free Space (PFS)	Controla los espacios libres em las páginas.
Global Allocation Map (GAM)	Controla la asignación de extends.
Shared Global Allocation Map (SGAM)	Controla la asignación de extends mixtas por los objetos.
Index Allocation Map (IAM)	Controla las extends utilizadas por "heap tables" o índices. Todo objeto en el momento de su creación se registra en una página IAM y en por lo menos una extend mixta.

Tabla 1. Principales tipos de páginas de una base de datos

Observación: Un objeto nace, crece hasta las 8 páginas en extents mixta, y pasa a extents exclusiva.

Las tablas constituyen la base del modelo relacional para el almacenamiento de información. Están formadas por qué están físicamente asignadas en páginas cuyos registros la su vez están asignados (lógicamente) en extents. El tamaño de un registro no puede exceder el tamaño de una página.

Los registros se pueden grabar de manera ordenada o aleatoria. Para que los registros se puedan grabar físicamente de forma ordenada, por ejemplo, para el orden del nombre en la tabla "Cliente", es necesario la construcción de un índice especial, conocido como cluster. El índice cluster es la propia tabla, no existiendo así una estructura a parte para guardar informaciones relativas la ordenación.

En virtud de esa característica particular, las tablas pueden contener solamente un índice cluster. Las tablas sin índice cluster son conocidas como "heap".

Por defecto una página de datos no tiene textos o imágenes. Vea la Tabla 1, existen páginas especiales para esos tipos de datos.

El campo destinado a la imagen almacena un puntero informando a la página inicial donde residel objeto. Ese mecanismo tiene dos beneficios:

- El primero dice respeto a la optimización, ya que la separación hace el proceso de lectura más eficiente.
- El segundo dice respeto al tamaño, ya que una estructura a parte permite almacenar imágenes hasta un límite de 2GB.

El SQL Server permite, a través de la opción "text in row", que se graben imágenes o texto en la propia página de datos. Si a la mayor parte de sus campos BLOB se accede constantemente y tienen un tamaño inferior a 8KB, es posible ganar performance habilitando esa opción. La línea de comandos de a continuación activa la opción de almacenamiento de imágenes de hasta 512 bytes en la propia página de datos:

Exec SP_TableOption Cliente, "text in row", 512

Las páginas de tablas con índice cluster están conectadas las unas a la otra a través de las informaciones contenidas en el header de la página, por ejemplo, en el header de la página 1567 estarán identificadas las páginas 1566 y 1568.

En heaps, las páginas asignadas están registradas en las estructuras IBAN, sin ordenación previa. Para explorar una tabla con índice cluster, el SQL Server accede a la página inicial, registrada en la tabla de sistema SYSINDEXEXES. Enseguida, las informaciones contenidas en el header de cada página direccionan al resto de la lectura.

Para heaps, el script de lectura es efectuado a través de las páginas IBAN, en un lleva-y-trrae que, para las lecturas secuenciales, se hace menos eficiente.

Causas que pueden provocar fragmentación:

- **La aparición de "page splits":** término utilizado para designar una división de página de índice, cluster o no cluster para acomodar una inserción puntual.

- **Supresión de registros:** causando mayor espaciamiento entre los datos.

La recuperación de datos fragmentados requiere mayor esfuerzo de I/O, por lo tanto debemos trabajar en el sentido de minimizar este problema.

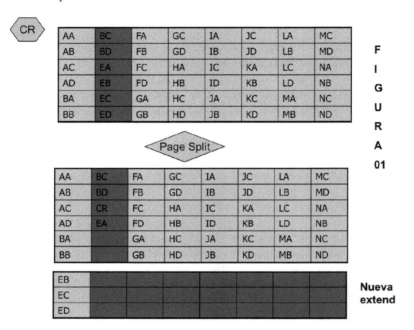

FIGURA 01

El SQL Server ofrece el comando DBCC ShowContig para analizar la fragmentación en índices. Su sintaxe es:

DBCC ShowContig (Id de la tabla, Id del índice)

Donde

<Id de la tabla): se puede obtener con el comando objeto_id<nombre de la tabla>
<Id del índice>: se puede consultar a través de la tabla de sistema sysindexes. Ejemplo:

DBCC ShowContig (Orders, 2)

Ejecución del comando DBCC ShowContig en la tabla "Orders".

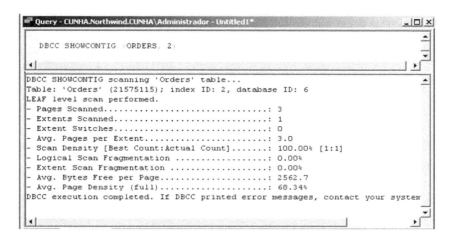

El resultado de ese comando se interpreta de la siguiente forma:

- **Pages Scanned**: número de páginas que componen el índice analizado.
- **Extends Scanned**: número de extends; es aproximadamente el resultado de la división de Pages Scanned entre 8.
- **Extents Switches**: total de cambios de páginas que deberían estar en una misma extent y que están distribuidas en varias extents. En condiciones normales debe tener un valor próximo a Extents Scanned;
- **Avg.Pages per Extent**: número medio de páginas por extent; debe estar aproximado a 8.
- **Scanned Density[Best Count:Actual Count]**: densidad de las páginas; mientras más próximo al 100%, mejor. Un valor igual a 75% indica un 25% de fragmentación.
- **Logical Scan Fragmentation**: porcentaje de fragmentación de páginas, utilizado solamente por el índice cluster.
- **Avg. Bytes Free per Page:** número medio de bytes libres por página; cuanto más próximo a cero mejor;
- **Avg. Page Density(full):** densidad (o relleno) medio de las páginas; cuanto más próximo a 100% mejor.

La lucha contra los datos fragmentados sólo puede ser combatida con procesos de mantenimiento en los índices.

La sintaxis del comando DBREINDEX es como vemos a continuación:

```
DBCC DBREINDEX
(
    table_name
    [ , index_name [ , fillfactor ] ]
)
    [ WITH NO_INFOMSGS ]
```

Cree jobs para la reindexación periódica de sus tablas.

Una estrategia fundamental para ganar en performance consiste en la reestructuración periódica de los índices. Vea a continuación tres maneras de realizar esa tarea:

- **Drop/Create Index:** El inconveniente es mantener el script actualizado para volver a crear todos los índices de una base de datos;
- **DBCC dbReindex:** Encapsula un DROP/CREATE para todos los índices de la tabla, simplificando la rutina de reindexación. Si sucede algún fallo, se mantendrá la estructura anterior. Tiene la desventaja de establecer bloqueos largos;
- **DBCC IndexDefrag:** Elimina la fragmentación INTERNA en las páginas de los índices (no reasigna extents). Tiene la ventaja de establecer bloqueos cortos, siendo posible ejecutarlo en entorno de producción.

Utilizando el comando dbcc showcontig, usted podrá observar a los indicadores de un índice, y compararlos con los nuevos valores después de la ejecución de después de la ejecución del DBREINDEX.

Observe en la figura de abajo los indicadores del índice [OrdersOrder_Details] antes y después de la ejecución de la reindexación.

```
DBCC SHOWCONTIG scanning 'Order Details' table...       DBCC SHOWCONTIG scanning 'Order Details' table...
Table: 'Order Details' (325576198); index ID: 3, database ID: 5     Table: 'Order Details' (325576198); index ID: 3, database ID: 5
LEAF level scan performed.                              LEAF level scan performed.
- Pages Scanned.............................: 4         - Pages Scanned.............................: 4
- Extents Scanned...........................: 3         - Extents Scanned...........................: 2
- Extent Switches...........................: 2         - Extent Switches...........................: 1
- Avg. Pages per Extent.....................: 1.3       - Avg. Pages per Extent.....................: 2.0
- Scan Density [Best Count:Actual Count].......: 33.33% [1:3]   - Scan Density [Best Count:Actual Count].......: 50.00% [1:2]
- Logical Scan Fragmentation ..................: 50.00%   - Logical Scan Fragmentation ..................: 50.00%
- Extent Scan Fragmentation ..................: 0.00%   - Extent Scan Fragmentation ..................: 50.00%
- Avg. Bytes Free per Page..................: 2169.8    - Avg. Bytes Free per Page..................: 553.5
- Avg. Page Density (full)..................: 73.19%   - Avg. Page Density (full)..................: 93.16%
DBCC execution completed. If DBCC printed error messages, contact   DBCC execution completed. If DBCC printed error messages, contact
```

Es posible hacer una reindexación atribuyendo un factor de relleno del índice. La sintaxis de abajo presenta el comando para reindexar, incluyendo un factor de relleno del 60%.

Utilice el dbcc showcontig para observar los indicadores del índice después de la ejecución del comando REINDEX.

Observe que el índice ahora utiliza 7 páginas para el almacenamiento y que el Avg. Page Density se aproxima al factor de relleno informado en el DBREINDEX.

```
DBCC SHOWCONTIG scanning 'Order Details' table...
Table: 'Order Details' (325576198); index ID: 3, database ID: 5
LEAF level scan performed.
- Pages Scanned................................: 7
- Extents Scanned..............................: 4
- Extent Switches..............................: 3
- Avg. Pages per Extent........................: 1.8
- Scan Density [Best Count:Actual Count].......: 25.00% [1:4]
- Logical Scan Fragmentation ..................: 42.86%
- Extent Scan Fragmentation ...................: 50.00%
- Avg. Bytes Free per Page.....................: 3786.0
- Avg. Page Density (full).....................: 53.22%
DBCC execution completed. If DBCC printed error messages, contact
```

--Batch para reindexar todas las tablas de una base de datos

set nocount on

DECLARE tablas CURSOR fast_forward
FOR select name from sysobjects where type = 'u'
DECLARE @nombre varchar(80)

```
OPEN tablas
FETCH NEXT FROM tablas INTO @nombre
WHILE (@@fetch_status <> -1)
BEGIN
   IF (@@fetch_status <> -2)
     BEGIN
        select '[][][] Reindexando la tabla: ' +@nombre
        exec ('dbcc dbreindex ( '" + @nombre + '")')
     END
     FETCH NEXT FROM tablas INTO @nombre
END
CLOSE tablas
DEALLOCATE tablas
```

Si la reindexación de todas las tablas es costosa, debido al tamaño por ejemplo, usted puede optar por reindexar solamente las tablas que tienen fragmentación elevada, como por ejemplo Scan Density < 60%.

Los heaps no se benefician de los procesos de reindexación. Reducir la fragmentación en heaps, por lo tanto, significa mover datos hacia una área temporal, romper la tabla, volverla a crear y proceder la importación de los datos.

Conclusión

Efectuar el tunning en un servidor de base de datos no es un proceso simple, debemos atacar varios frentes para producir resultados eficientes. Si, por ejemplo, nos concentremos en la optimización de queries y nos olvidamos de desfragmentar las tablas, el resultado será modesto.

Optimización

El optimizador de consultas del SQL Server, suministra soluciones para el problema de cómo se debe ejecutar cada consulta, por ejemplo, que índices deben ser usados, en qué orden se deben acceder las tablas, como las se deben implementar las uniones.

Esas soluciones se llaman plan de ejecución de consultas, y la principal tarea del optimizador es seleccionar el plan óptimo.

A veces, las informaciones disponibles para el optimizador no son suficientes para que este determine el plan óptimo. Por lo tanto, es muy importante saber cómo los programadores pueden mejorar la eficiencia de sus aplicativos. A continuación veremos algunos de esos problemas.

Uniones versus Sub-consultas Correlacionadas.

Cada consulta, normalmente, se puede expresar con una de las muchas declaraciones SELECT equivalentes. Por ejemplo, cada operación de unión se puede expresar usando la sub-consulta correlacionada equivalente y viceversa. Esos métodos difieren en el sentido de que una operación de unión es considerablemente más eficiente que la sub-consulta correlacionada correspondiente.

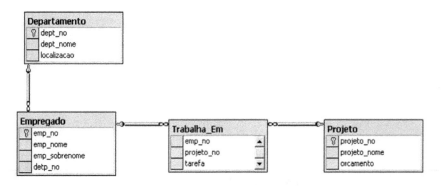

Ejemplo 1

Cree un comando SQL que obtenga los nombres de todos los operarios que trabajaron en el proyecto "p1".

Solución A

SELECT emp_nombre
FROM empleado, trabaja_en
WHERE empleado.emp_en = trabaja_en.emp_en
AND proyecto_en = "p1"

Solución B

SELECT emp_nombre
FROM empleado
WHERE "p1" IN (SELECT proyecto_en FROM trabaja_en
WHERE empleado.emp_en = trabaja_en.emp_en)

Comentarios: el rendimiento de la solución A es mejor que el de la solución B. La consulta de la solución B debe ser evaluada varias veces, ya que esta tiene la columna emp_en, que pertenece a la tabla empleado en la consulta más externa. Observe que el valor de la columna emp_en cambia siempre que el SQL Server examina una línea diferente de la tabla empleado en la consulta más externa. La unión en la solución A funciona más rápidamente, ya que esta evalúa todos los valores de la columna proyecto_en de la tabla trabaja_en sólo una vez.

Declaración Incompleta

Es posible que un programador especifique una declaración SQL incompleta, como por ejemplo, un producto cartesiano entre dos tablas. El resultado de un producto cartesiano contiene la combinación de líneas de dos tablas. Por ejemplo, si una tabla contiene 10.000 líneas y la otra 100, el resultado del producto cartesiano de las dos tablas será una tabla con 1 millón de líneas.

Como regla general, si su consulta está accediendo a n tablas diferentes, usted debe tener por lo menos n-1 condiciones de unión relacionadas a todas las tablas, para evitar una producto cartesiano.

Observación: El SQL Server ofrece soporte con la opción ROWCONT en la declaración SET, que restringe la muestra de líneas seleccionadas a un número correcto. De ese modo, el uso de esa opción limita el número de líneas que pueden ser creadas por un producto cartesiano no-intencionado.

La opción ROWCOUNT hace que el sistema deje de procesar una declaración DML, después que el número especificado de líneas sea devuelto.

- Para activar haga: SET ROWCOUNT número de línea
- Para desactivar haga: SET ROWCOUNT 0
- La opción STATISTICS IO: hace que el sistema muestre informaciones estadísticas sobre la cantidad de actividad de disco generada por la consulta; por ejemplo, el número de operaciones de I/O de lectura y grabación procesadas en la consulta.
- La opción STATISTICS TIME: hace que el sistema muestre el procesamiento, la optimización y el tiempo de ejecución de la consulta.

El Operador LIKE

El operador LIKE compara los valores de una columna con un estándar especificado. Si esa columna está asociada a un índice, la búsqueda de la string de caracteres se ejecutará con el índice existente. Una condición basada en un comodín en la posición inicial obliga al SQL Server a examinar cada valor en la columna; es decir, el índice existente no sirve para nada. El motivo es que los índices trabajan determinando rápidamente si el valor solicitado es mayor o menor que los valores en varios de nuestra B-TREE. Si los caracteres iniciales de los valores deseados no se especifican, entonces esas comparaciones no se podrán realizar.

Ejemplo 2

Obtenga los números de operarios de todos los empleados cuyos nombres terminan con "el".

Solución

SELECT emp_en FROM empleado
WHERE emp_nombre LIKE "%el"

Comentarios: No es posible procesar la consulta, aunque el índice de la columna emp_nombre exista. La razón es que los caracteres del inicio de los valores de datos no son conocidos dentro de la condición de búsqueda en la cláusula WHERE.

Las declaraciones T_SQL y el Rendimiento de las Consultas

El SQL Server ofrece soporte a dos declaraciones que permiten la optimización de consultas:

    1. UPDATE STATISTICS
    2. SET

Las estadísticas en las tablas de sistemas no se actualizan constantemente. La declaración UPDATE STATISTICS actualiza las informaciones sobre la distribución de valores de claves en los índices especificados. La modificación de las informaciones con la declaración UPDATE STATISTICS se debe procesar en los siguientes casos:

- Después de la carga inicial de los datos.
- Después de la ejecución de una declaración DML (INSERT, UPDATE o DELETE) que afecte un gran número de líneas.

La segunda declaración SET, tiene varias opciones. Algunas de esas se usan para la optimización de consultas y algunas para otros propósitos.

Las siguientes opciones se usan para la optimización de consultas:

- SHOWPLAN_TEXT
- SHOWPLAN_ALL
- NOEXEC
- FORCEPLAN
- ROWCOUNT
- STATISTICS IO
- STATISTICS TIME
- ON " Activa y OFF - Desactiva

SHOWPLAN-TEXT y SHOWPLAN_ALL: muestran el plan de ejecución para la consulta.

La opción SHOWPLAN_ALL: muestra las mismas informaciones detalladas sobre el plan de ejecución para la consulta SHOWPLAN_TEXT, con la adición de una estimación de los requisitos de recursos para esa declaración.

```
SET SHOWPLAN_TEXT ON
GO
Select empleado.dept_en
FROM empleado, trabaja_en
WHERE empleado.emp_en = trabaja_en.emp_en
AND trabaja_en.proyecto_en = "p1"
```

```
(1 row(s) affected)

SQL Server Execution Times:
   CPU time = 0 ms,  elapsed time = 0 ms.
StmtText
--------------------------------------------------------------------------------
 |--Nested Loops(Inner Join, OUTER REFERENCES:([Trabalha_Em].[emp_no]))
      |--Table Scan(OBJECT:([Empresa].[dbo].[Trabalha_Em]), WHERE:([Trabalha_Em].[projeto_no]='
      |--Clustered Index Seek(OBJECT:([Empresa].[dbo].[Empregado].[PK_Empregado]), SEEK:([Empre

(3 row(s) affected)

SQL Server Execution Times:
   CPU time = 0 ms,  elapsed time = 1 ms.
SQL Server Execution Times:
   CPU time = 0 ms,  elapsed time = 1 ms.
```

El resultado muestra el plan de ejecución seleccionado para la declaración SELECT especificada. Las columnas de unión en las tablas empleado y trabaja_en se indexan; por lo tanto, el optimizador de consultas escoge el método de loop anidado para ejecutar la operación de unión.

FORCEPLAN: hace posible que pueda influenciar directamente una optimización de consulta. Usar esa opción hace el SQL Server acceda a las tablas en el mismo orden en que estas están listadas en la cláusula FROM de la declaración SELECT.

```
SET FORCEPLAN ON
GO

Select empleado.dept_en el
FROM empleado, trabaja_en
WHERE empleado.emp_en = trabaja_en.emp_en
AND trabaja_en.proyecto_en = 'p1'
```

El SQL Server ofrece tres técnicas diferentes de procesamiento de uniones:

- Unión de loop anidado;
- Unión de mezclas;
- Unión con hashing.

Unión de Loop Anidado

La unión de loop anidado es la única técnica de procesamiento que es soportada en las versiones anteriores del SQL Server. La unión de loop anidado funciona por "fuerza bruta", en otras palabras, por cada línea de la tabla exterior, se recupera y se compara cada línea de la tabla interior.

Algoritmo (A y B son dos tablas temporales)

```
For cada linea en la tabla externa do:
    leer la linea en A
    para cada linea en la tabla interna do:
        leer la linea en B
            if A.columna_union = B.columna_union then
                aceptar la linea y incluirla en el conjunto resultante
            end if
    end for
End for
```

La unión de loop anidado será muy lenta si no tiene índices para una de las columnas de unión. Sin índices, el SQL Server tendría que recorrer la tabla externa una vez y la tabla interna n veces, la n es el número de líneas de la tabla externa. Por lo tanto, el optimizador de consultas escoge ese método sólo si la columna de unión de la tabla interna esté indexada; así, la tabla interna no necesitará ser recorrida por cada línea de la tabla externa.

Unión de Mezcla

La unión de mezcla nos provee de una alternativa con mejor rendimiento que la construcción de un índice para una unión de loop anidado. Las líneas de las tablas unidas deben ser físicamente clasificadas usando los valores de la columna de unión. Las dos tablas serán recorridas en el orden de las columnas de unión, haciendo corresponder las líneas con el mismo valor para las columnas de unión.

Observación: no se exige ningún índice cuando el optimizador de consultas ejecuta una unión de mezcla.

Algoritmo

- Clasifica la tabla externa en orden ascendente usando la columna de unión.
- Clasifica la tabla interna en orden ascendente usando la columna de unión

For cada linha en la tabela externa do:
    leer la linea en A
    for cada linea a partir de la tabla interna con un valor menor o igual
           la columna de union do:
      leer la linea en B
      if A.columna_union = B.columna_union then
        aceptar la linea y la incluye en el conjunto resultante
      end if
    end para
End Para

Unión con Hashing

Una unión con hashing se usa cuando no hay una entrada clasificada. Las líneas de las dos tablas son re-declaradas en el mismo archivo de hash, usando la misma función de hashing en las columnas de unión que las claves con hashing. El método de unión con hashing no exige índice. Por lo tanto, este método es altamente aplicable para consultas ad hoc, en las que no se tienen que esperar índices.

Observación: La optimización de los aplicativos de datos es uno de los factores más importantes que afectan el rendimiento. Modificando las propiedades existentes de una consulta, puede mejorar significativamente su rendimiento.

El optimizador de consultas es la parte del SQL Server que decide como ejecutar mejor una consulta. Éste genera varios planes de ejecución para determinada consulta y selecciona el plan de más pequeño coste en el rendimiento.

Los Índices de Búsqueda

Una necesidad cada vez más común de muchas aplicaciones, principalmente en las aplicaciones web, es la búsqueda por frases o palabras no sólo en las columnas char o varchar de las tablas de una base de datos, sino también en archivos como .txt, .pdf, .doc, .xls, entre otros.

El soporte al lenguaje T-SQL suministrado por el SQL Server permite que usted realice búsquedas en datos almacenados en columnas del tipo char, nchar, varchar, nvarchar, text y ntext, pero los grandes problemas son:

- ¿Qué deberá hacer si necesita buscar frases o palabras en documentos"

- ¿Qué deberá hacer si necesita buscar no sólo una palabra o frase exacta, como hace el LIKE, sino que también por sus variantes verbales, como ejemplo: correr, corriendo, corrió, o si estas están en singular o en plural"

En el SQL Server desde su versión 7.0, nos provee del Full-Text Search que es la solución para estos problemas. Éste suministra un soporte eficiente que no sólo sirve para la búsqueda de palabras o frases en columnas basadas en caracteres, sino que también para la búsqueda de palabras o frases en archivos .doc, .xls, .ppt, .pdf y entre otros.

La arquitetura del Full-Text Search

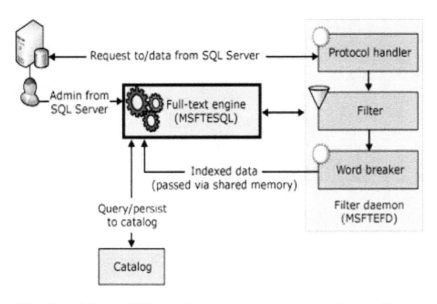

El índice full-text (full-text index) es un tipo especial de índice que almacena informaciones sobre las palabras y sus respectivas localizaciones dentro de una columna. Estas informaciones son posteriormente utilizadas por el full-text search para optimizar las consultas full-text que buscan por una palabra especifica o una combinación de estas. Estos índices son almacenados en estructuras conocidas como catálogo (full-text catalogs) y juntos son mantenidos como una colección de carpetas y archivos en el disco local de su servidor.

Los catálogos pueden almacenar índices full-text para una o más tabla que pertenezcan a una única base de datos, es decir, un catálogo no puede pertenecer a múltiples bases de datos.

Usted puede almacenar hasta 2GB de texto en un único campo en el SQL Server. Este contenido será indexado y utilizado por el mecanismo de búsqueda del Microsoft Search Service. El principal requisito para la implementación de un Full-Text es la creación de un índice en una columna simple en todas las tablas seleccionadas para el Full-Text Search.

Cuando el SQL Server recibe una consulta, que exige full-text search, esta envía el criterio de selección al Microsoft Search Service, que hace la búsqueda y devuelve un valor clave y un ranking de valores para cada línea correspondiente. El MSSQLServer service utiliza esa información para montar el result set de la consulta.

Para evitar tener problemas durante el proceso de búsqueda, algunas palabras existentes en medio de una frase se deberán eliminar, ya que no tienen ningún significado, como "and", "is", etc.

Tenemos que destacar que la lista de palabras se puede personalizar.

Implementando Full-Text Search

Antes de ejecutar alguna query es necesario verificar si el servicio Microsoft Search se está ejecutando. Debemos crear índices de full-text en las tablas que serán buscadas.

Podemos iniciar o parar el servicio Microsoft Search de las siguientes maneras:

- Usando el menú de contexto del objeto Full-Text Search en el SQL Server Enterprise Manager.

- Usando el Server Service Manager y seleccionando Microsoft Search.

- Ejecutando net start mssearch (o el net stop mssearch) de la consola de comandos.

Creando Full-Text Index

Debemos tener en cuenta dos puntos importantes cuando trabajamos con Full-Text: la capacidad de realizar queries directamente con campos del tipo carácter y la necesidad de la actualización de los índices.

Cuando trabajamos con full-text indexes, debemos tener en cuenta los siguientes puntos:

- Los índices full-text están almacenados en el file system, pero están gestionados por la base de datos;

- Existe sólo un único índice por tabla;

- La adición de datos en los índices ser realizará por una programación o petición de tarea;

- Los índices existentes en una base de datos están agrupados en un único full-text catalog;

Poblar Índices de Full-Text

Podemos poblar los índices de dos maneras diferentes:

- **Full Population**: Ese método actualizará todos los índices de un catálogo, independientemente de tener o no, cambios en el contenido de los Registros desde la última tarea de población.

- **Incremental Population**: Ese método actualizará los índices de acuerdo con las modificaciones que se realizaron en los registros desde la última tarea de población.

Actualizando Índices de Full-Text

A diferencia de los índices de una base de datos relacional, los índices de full-text, no se actualizan instantáneamente, cuando sucede una actualización de datos o cuando las líneas son insertadas en las tablas registradas para full-text, ni cuando esas líneas son eliminadas.

El proceso de población de datos se debe iniciar manualmente o programando para que suceda en intervalos pre-establecidos. Esos índices son poblados de forma asíncrona por las siguientes razones:

- Es necesario mucho más tiempo para actualizar un full-text index, de lo que normalmente es necesario para un índice relacional

- Las búsquedas de full-text normalmente son menos precisas que las búsquedas por defecto. De ahí de la necesidad de un sincronismo dinámico no es prioritario.

Añadiendo Full-Text Search en una Tabla

Para ello comenzamos abriendo el SQL Server Enterprise Manager.

Expandir el árbol de consola, Databases, northwind y clic en tables.

En el panel de detalles, seleccione la tabla employees y haga clic con el botón derecho, en el menú, seleccione Full-Text Index Table, y haga clic en Define Full-Text Indexing On La Table.

Use las siguientes informaciones para la configuración:

Opción	Valor
Select a unique index	PK_Empleado
Added columns	Notes
Create a new catalog?	Checked
New catalog _ Name	Northwind_catalog
Select or Create Population Schedules (Optional)	No

Usted recibirá la información de la creación del índice y también será informado que el mismo debe ser poblado.

Abra el SQL Server Query Analyzer, y haga un logon para (local) server con Microsoft Windows NT authentication.

Ejecute el siguiente stored procedure para confirmar que el índice fue creado:

USE Northwind
EXEC sp_help_fulltext_tables

Creando Índices Full-Text paso a paso

En el Enterprise Manager, seleccione la base de datos y seleccione la tabla en la que insertará índice, conforme la figura, después haga clic en avanzar.

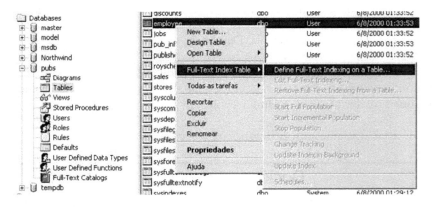

Haga clic en avanzar en la próxima pantalla.

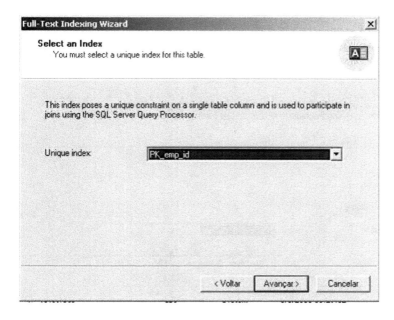

Seleccione las columnas que quiere que formen parte de la Búsqueda full-text.

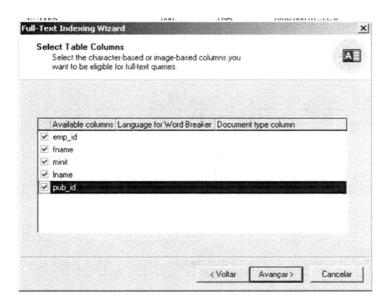

Escoja el nombre del catálogo:

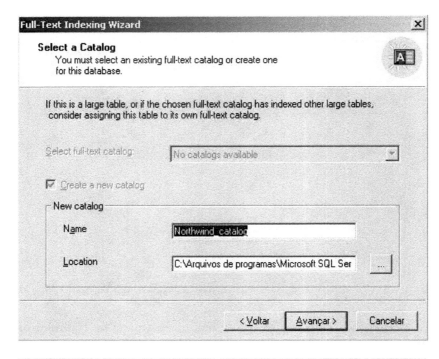

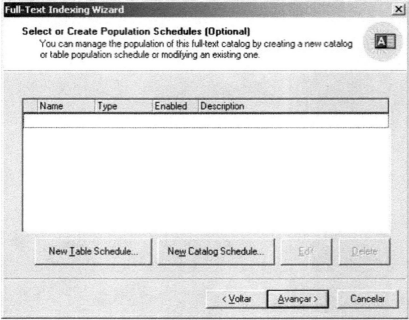

Haga clic en concluir para finalizar.

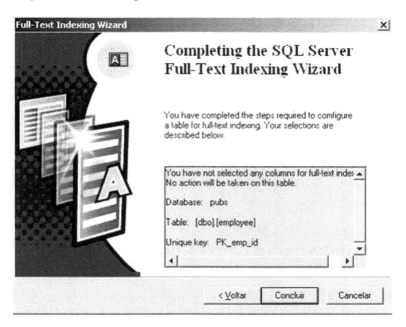

Poblar el catálogo para full-text searching.

Para ello abra el SQL Server Enterprise Manager.

En el panel de detalles, haga clic con el botón derecho en Northwind_catalog y clic en Properties. Vea las informaciones sobre el catálogo y Cierre la ventana de propiedades.

Haga clic con el botón derecho en Northwind_catalog, seleccione Start Population y clic en Full Population para poblar el full-text index.

Haga clic con el botón derecho en Northwind_catalog y seleccione Properties. Vea las informaciones sobre el catálogo. Si abre la ventana de propiedades rápidamente podrá ver que el status de población permanece en "PROGRESS".

Construyendo Full-Text Queries

Con el uso de full-text query usted podrá ejecutar funciones de búsqueda avanzada en los campos de texto en las tablas marcadas para full-text. A diferencia del operador LIKE, que es utilizado para la búsqueda de caracteres, el full-text opera a través de una combinación de palabras y frases, reportando la compatibilidad de los resultados obtenidos por la búsqueda.

Usando Transact-SQL Predicates y Funciones

Usted puede utilizar los siguientes Transact-SQL predicates y funciones Row-set para escribir full-text queries:

- Usando CONTAINS y FREETEXT predicates en las condiciones de búsqueda incluyendo la cláusula WHERE de un SELECT.

- Usando las funciones CONTAINSTABLE y FREETEXTTABLE en la cláusula FROM de un SELECT.

Sintaxis:

```
CONTAINS({column | *}, '<contains_search_condition>' )
FREETEXT({column | * }, 'freetext_string')
CONTAINSTABLE(table, {column | *},
'<contains_search_condition>')
FREETEXTTABLE (table, {column | *}, 'freetext_string')
```

Vamos a ejecutar algunas queries que utilicen el Full-Text Search. Para ello abra el SQL Server Query Analyzer y ejecute las siguientes queries:

```
USE Northwind
SELECT lastname, title, hiredate, notes
FROM employees
WHERE CONTAINS (notes, '"sales management"')
```

```
USE Northwind
SELECT lastname, title, hiredate, notes
FROM employees
WHERE CONTAINS (notes, '"sales" AND "management"')
```

```
USE Northwind
SELECT lastname, title, hiredate, notes
FROM employees
WHERE CONTAINS (notes, '"sales" NEAR "management"')
```

Configurando el idioma del Full-Text Search

Por defecto, el idioma configurado para Full-Text es el inglés, si prefiera definir el idioma español para que esté por defecto para los índices full-text, puede modificar el valor de la opción de configuración "default full-text language", utilizando el procedure de sistema SP_configure. El script que vemos a continuación muestra cómo se puede hacer esto:

Permite modificar configuraciones avanzadas

```
EXEC sp_configure 'show advanced option', 1
RECONFIGURE WITH OVERRIDE
```

GO

Modifica el idioma por defecto del full-text para Español:

```
(ID 1046)EXEC sp_configure 'default full-text language', '1046'
RECONFIGURE WITH OVERRIDE
GO
```

Elimina el permiso de modificar configuraciones avanzadas:

```
EXEC sp_configure 'show advanced option',0
RECONFIGURE WITH OVERRIDE
GO
```

Volviendo a crear los índices full-text de la tabla Production.Document con el idioma Español.

Elimina el índice full-text de la tabla Employees.Notes:

```
DROP FULLTEXT INDEX ON Employees.Notes
GO
```

Crea el índice nuevamente:

```
CREATE FULLTEXT INDEX ON Employees.Notes(Notes Type
Column FileExtension, Notes LANGUAGE 'Spanish')
KEY INDEX PK_EmployeeID
ON Northwind_Catalogo
WITH CHANGE_TRACKING AUTO
```

Profiler de SQL Server

Los sistemas normalmente no nacen lentos, pero tienden a ser más lentos con el tiempo. El aumento del número de usuarios, la existencia de más procesos concurrentes, el crecimiento del volumen de informaciones almacenadas, la falta (o exceso) de índices y, por fin, la mala calidad del código T_SQL son actores que ocasionan la aparición de cuellos de botella y, consecuentemente la caída de performance.

Antes de pensar que el problema "viene de fuera" y pensar en aumentar la potencia del procesador, discos o memoria, tendrá que realizar un análisis más detallado de los procesos activos en el servidor de base de datos. Muchas veces todo el problema puede ser resuelto con la adición de un índice o filtro en un comando update.

Pero ¿Cómo saber dónde está exactamente el problema?

El SQL Server tiene una utilidad llamada Profiler, que se usa para rastrear los eventos procesados en una base SQL Server. El Profiler es una herramienta de diagnóstico, es decir, esta nos suministra material para el análisis. Cabe destacar que esta no realiza por sí sóla correcciones o cualquier especie de tuning.

Observación: Un evento es una acción generada por el motor del SQL Server así como la conexión de un login, la eliminación de registros de una tabla o la ejecución de una instrucción Transact-SQL. Los eventos se agrupan por categorías y todos los datos generados por un evento se presentan en el profiler, que contiene columnas de datos que describe el evento en detalle.

Usted puede usar el profiler para monitorizar varias áreas de actividad de un servidor, entre las que podemos citar:

- Analizar y monitorizar instrucciones T-SQL y stored procedures;
- Monitorizar el rendimiento del servidor identificando en tiempo real los eventos que están ocurriendo, su duración, consumo de CPU, consumo de memoria y varias otras informaciones;
- Monitorizar la utilización de índices;
- Auditar actividades de seguridad como, login y logout de los usuarios SQL Server.

Con el profiler, además de poder visualizar lo que acontece en el servidor en tiempo real, usted también puede salvar los datos recolectados para un archivo o aún para una tabla y analizarlos posteriormente.

Usted también puede hacer una correlación entre los eventos encontrados en el profiler y el consumo de CPU del servidor uniendo los datos recolectados con el Profiler con los datos de rendimiento recolectados con el Performance Monitor. Con este recurso es muy fácil, por ejemplo, saber el impacto que un determinado comando o stored procedure causó en el consumo de CPU del servidor.

El Profiler es esencialmente una herramienta administrativa. Por ello, usted necesita ser administrador del SQL Server o tener permiso para utilizarlo. Imagine que exista un usuario en el SQL Server de nombre user_trace, para que este usuario pueda utilizar el Profiler, solamente le tendrá que atribuir el permiso de ALTER TRACE como en el ejemplo que vemos a continuación:

GRANT ALTER TRACE TO user_trace

Para eliminar el permiso, solamente tenemos que utilizar el comando REVOKE como el ejemplo que vemos a continuación:

REVOKE ALTER TRACE TO user_trace

Creando una trace la paso-paso

El Profiler es una herramienta para crear traces. Una trace es como una fotografía de los comandos ejecutados por el SQL Server en un determinado intervalo de tiempo. Para crear una trace, seleccione Profiler en el sub-menu Tools del SQL Server (ver Figura 1). En la pantalla principal del Profiler, seleccione File | New | Trace (ver Figura 2).

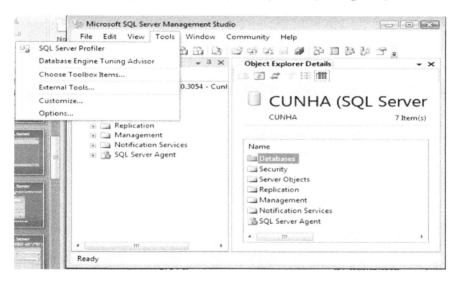

Figura 1 Seleccionando el Profiler en el Sub-menu Tools del Microsoft SQL Server

Figura 2 Creando una trace en el Profiler

Considerando que usted tiene los privilegios necesarios y que ha efectuado la autenticación con éxito, se le mostrará la pantalla para las configuraciones Generales de la trace.

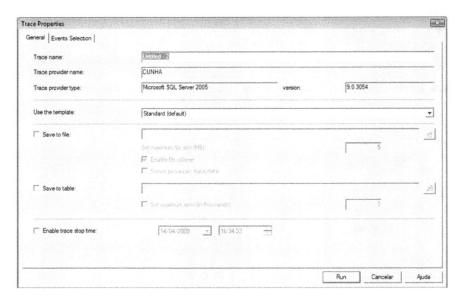

Figura 3 Configuración General de la Trace.

En la pestaña **General** (Figura 3) puede seleccionar un template (modelo con algunos eventos ya pre-seleccionados), optar por guardar los datos recolectados en un archivo o tabla y también tiene que definir un horario de finalización para la monitoreo.

En la pestaña **Events Selection** (Figura 4) puede seleccionar los eventos de los cuales desea recibir notificación cuando estos sucedan. Observe que los eventos están agrupados por categorías de eventos (vea Tabla 1) y todos los datos generados por los eventos se presentan en el profiler a través de las columnas que componen el evento.

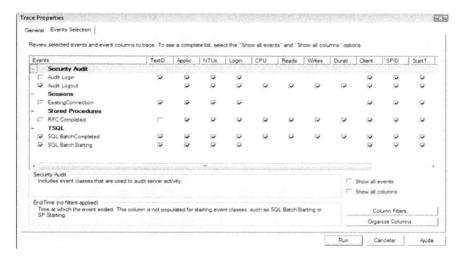

Figura 4 Pestaña Events Selections

Categoría de Eventos

Ver la table de a continuación:

Categoria de Eventos	Descrição
Cursors	Producidos por operaciones ejecutadas por cursores.
Database	Producidos cuando los archivos de log o datos de las bases de datos aumentan o disminuyen automaticamente.
Error and Warnings	Producidos cuando un error o alerta es generado en elSQL Server.
Locks	Producidos cuando se adquire un lock, cancelado o liberado.
Objects	Producidos cuando se crean objetos de banco de dados, abiertos, cerrados o excluídos.
Performance	Producidos cuando se ejecutan operaciones de manipulación de datos (DML)
Scans	Producidos cuando se escanean tablas o índices.
Security Audit	Producidos cuando se crean o logins, y/o los premisos son atribuidos/eliminados.
Sessions	Producidos cuando los usuarios o clientes se conectan o desconectan del SQL Server.
Stored procedures	Producidos por la ejecución de stored procedures.
Transactions	Producidos cuando se disparan transacciones en el SQL Server.
TSQL	Producidos por la ejecución de instrucciones T-SQL.
User Configurable	Eventos que pueden ser configurados por el usuario.

Las opciones disponibles son (continuación):

- **Enable file rollover**: si el rollover está habilitado y el archivo alcanza el límite definido en Set maximum file size(MB), el archivo en disco se reinicializará. En este caso, se pierde lo que fue registrado en el archivo hasta ese momento.
- **Server process SQL Server trace date**: si algún día se encuentra con la línea de texto en su trace "... Some events may have been lost...", esto quiere decir que el servidor está muy ocupado y optó por no enviar algunos comandos para su trace para ganar un poco de performance de procesamiento. Habilitando esa opción, estará forzando al servidor a enviar todos los comandos procesados hacia la trace, todavía causando pérdida de performance. Se recomienda NO utilizarlo.
- **Save to table**: graba el resultado de la trace en una tabla. Es más fácil de depurar, ya que podemos colocar filtros u ordenarla como nosotros queramos.
- **Set maximum rows (in thousands):** limita el número de líneas en la tabla originada por la trace.
- **Enable trace stop time**: establece el plazo límite la finalización de la trace.

Templates

Template	Para que serve
Standard	Captura stored procedures y lotes TSQL que estén en ejecución. Monitara atividade geral do servidor.
SP_Counts	Captura el comportamento de la ejecución de stored procedures a lo largo del tiempo.
TSQL	Captura las declaraciones TSQL enviadas al SQL Server por clientes y el momento en el que fueron emitidas.
TSQL_Duration	Captura las declaraciones TSQL enviadas al SQL Server por clientes y su tiempo de ejecución. Las agrupa por duración.
TSQL_Replay	Captura las informaciones sobre las declaraciones TSQL necesarias y la trace si tuviera que de ser reejecutada.
TSQL_Grouped	Captura las declaraciones TSQL enviadas al SQL Server por clientes y el momento en el que fueron emitidas, agrupadas por el usuario o cliente que envió la declaración
TSQL_SPs	Captura las informaciones sobre la ejecución de stored procedures. Se usa para analizar el comportamiento de los stored procedures.

Pestaña events

La pestaña Events (ver Figura 5), muestra una relación de todas las clases de eventos que pueden ser monitorizados en un servidor de base de datos SQL Server. En ese contexto, las clases son agrupaciones de eventos que tienen una característica en común: Tenemos una para controlar la ejecución de procedures, otra para la gestión de locks, etc. El template SQLProfilerStandard, por ejemplo, selecciona automáticamente algunos eventos vistos en la Tabla 2.

Clase	Evento	Para que sirve
Security Audit	Audit Logon	Auditar apertura de sesiones en la base de datos.
	Audit Logoff	Auditar cierre de sesiones en la base de datos.
Sessions	Existent Connections	Lista todas las conexiones activas en la base de datos en el momento en el que la trace es iniciada.
Stored Procedures	RPC:Completed	Lista la ejecución de sp's originadas por conexiones remotas (ADO, ODBC, OLEDB etc).
TSQL	SQL:Batch Completed	Lista las queries ejecutadas fuera del contexto de un stored procedure.

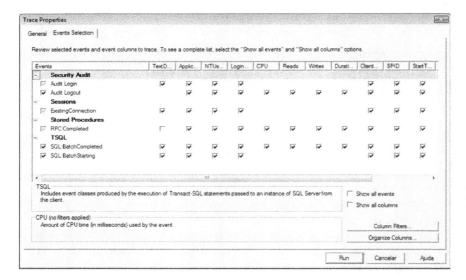

Figura 5 Guía Events

La próxima etapa será definir qué tipo de información queremos visualizar en la trace. El template SQLProfileStandard selecciona una serie de columnas, pero para dejar la pantalla del Profiler más "organizada", podemos mover las columnas hacia arriba o hacia abajo, a través de los botones Up y Down. Como se muestra en la Figura 6.

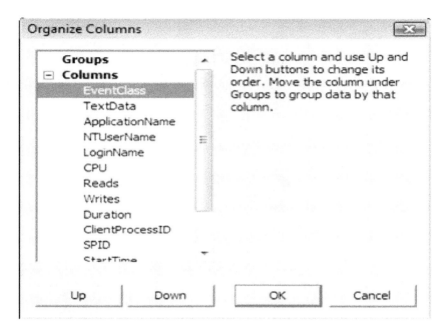

Figura 6 Seleccionando columnas que serán visualizadas en el Profiler.

Pestaña Filters

Finalmente la definición de la trace en la pestaña Filters (ver Figura 7), es utilizada para la refinición de la trace. En esta trace estamos filtrando los procedimientos que tienen duración igual a cinco milisegundos.

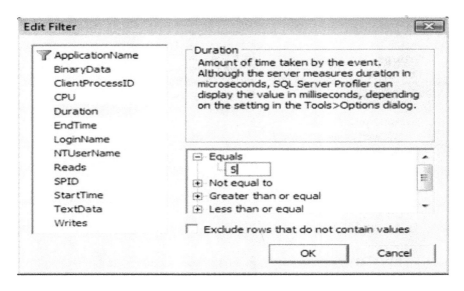

Figura 7 Creando filtros para trace.

Los filtros se utilizan para limitar los eventos rastreados en la trace, reduciendo el número de líneas afectadas, facilitando nuestra comprensión y mejorando el objetivo de nuestro análisis. Podríamos, por ejemplo, filtrar los comandos por un determinado spid. Si deseáramos analizar la ejecución de un stored procedure en particular, podríamos concentrar nuestro análisis solamente en la ejecución de esa sp, utilizando también los recursos de los filtros, como por ejemplo, el filtro ObjectId almacenaría el Id de la sp que queremos analizar.

Concluido el proceso de definición, haga clic en RUN para iniciar la trace (ver Figura 8).

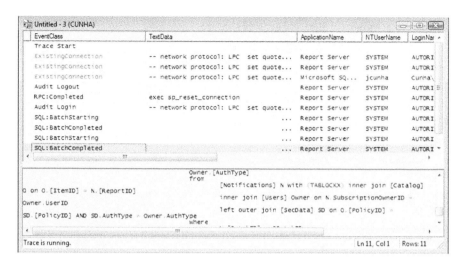

A continuación veremos un resumen del significado de las columnas mostradas en la Figura 8:

- **EventClass**: los eventos rastreados por el Profiler están agrupados en clases.
- **TextData**: se utiliza para la visualización del dato recolectado en la trace. Esa columna depende del tipo de evento capturado (TCP/IP, evento de conexión).
- **ApplicationName**: nombre de la aplicación;
- **LoginName**: login del usuario responsable de la ejecución del comando;
- **CPU**: tiempo de CPU consumido para la ejecución del comando (milisegundos);
- **Reads**: número de páginas leídas en memoria para ejecutar el comando;
- **Writes**: número de páginas grabadas por el comando;
- **Duration**: duración del comando(en milisegundos);
- **SPID**: identificación de la sesión en el SQL Server;
- **Start Time**: horario de inicio de la ejecución del comando.

A través de esta interface es posible:

•Parar la trace: Para esto haga clic en el botón ⬛

•Iniciar la trace: Para esto haga clic en el botón ▶

•Iniciar una nueva trace, efectuando toda la parametrización nuevamente: Para esto haga clic en 🔲

•Cambie el Template SQLProfilerStandard: Para esto haga clic en 📄

•Carga una trace previamente guardada en archivo .TRC: Haga clic en 📂

•Carga una trace guardada en una tabla en la base de datos: Haga clic en 🗄

•Accede a la pantalla de configuraciones generales de la trace: Haga clic en el icono de propiedades 🗗

•Busca una determinada string en la trace que acabó de generar: Para esto hagaa clic en 🔍

•Efectuar una limpeza en la pantalla: Para esto haga clic en 🗑

Ahora vamos a ver un ejemplo práctico. Con el Profiler activo, abra una sesión en el Query Analyzer y ejecute la secuencia de comandos que vemos a continuación:

```
Use Northwind
Go
Create procedure stp_Mostrar_Pedido (@OrderId int)
As
  select   O.OrderId,   O.CustomerId,   O.EmployeeId,   d.ProductId,
d.UnitPrice, d.Quantity
  from Orders O inner join [Order Details] d
      on O.OrderId = d.OrderId
      Where O.OrderId = @OrderId
Return
go
```

Con el Profiler activo, abra una sesión en el Query Analyzer y ejecute la secuencia de comandos que vemos a continuación:

```
Exec stp_Muestre_Pedido 10249
go
```

Diríjase al profiler y confirme el resultado (ver la Figura 9).

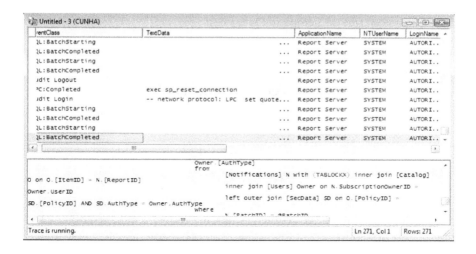

Guardando la Trace

Para guardar la trace, vaya hasta la opción File de la barra del menú y seleccione Save As (ver Figura 10).

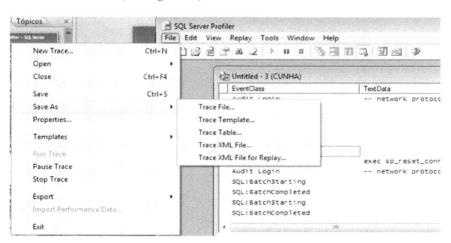

Figura 10 Guardando la trace

Las opciones disponibles para guardar la trace son:

- **Trace Template**: se utiliza para generar un template (archivo con

extensión .tdf, de Template Data File);
- **Trace File**: guarda un archivo en el disco con extensión .trc con el resultado de la trace;
- **Trace Table**: almacena el resultado de la trace en una tabla.
- **SQL Script**: genera un archivo de texto (extensión .sql) con el lote de comandos T-SQL necesarios para crear y ejecutar la trace.

Conclusión

Cuando se trata de tuning, el Profiler es una herramienta indispensable. El Profiler es un herramienta que merece la pena ser analizada, con miras a la optimización de procesos.

Backup de Base de Datos

Como en la actualidad la información es el valor más preciado de la empresa y al estar estas informaciones almacenadas en las bases de datos de la empresa, es de fundamental importancia que tengamos una estrategia bien definida para la protección de este bien tan valioso.

Debemos preocuparnos no sólo de la pérdida de los datos, pero también con accesos indebidos o incluso el robo de informaciones.

Observación: Si un competidor consigue invadir su red y copiar los datos estratégicos de su empresa usted tendrá con un gran problema.

Posible problemas con los que nos podemos encontrar:

- Invasiones y ataque de hackers.
- Pérdida de informaciones debido a problemas con virus.
- Acceso indebido a la informaciones.
- DELETE FROM Cliente
- Desastres naturales.
- Incendios
- Inundanciones
- Fallos de hardware
- Acciones de vandalismo o violencia urbana

Un factor que debemos tener en consideración, a la hora de montar nuestra estrategia de backup/restore y de protección de los datos, es el valor de la información que está siendo protegida. Si la información que va a ser protegida es de valor estratégico para la empresa, y los datos necesitan estar siempre disponibles y ni se imagina la hipótesis de perderlos; es evidente que los gastos para proteger estas informaciones serán elevados, sin embargo son mucho más fáciles de justificar.

Observación: El nivel de inversión en seguridad y backup es proporcional a la importancia de los datos para la empresa.

Debemos identificar los requisitos de disponibilidad de los datos cuando vayamos a escoger nuestra estrategia de backup/restore. Vamos a suponer que el requisito es: los datos deben estar disponibles el 100% del tiempo. En este caso es plenamente justificable la utilización de dos o más servidores con copias idénticas de los datos, de tal forma que, si uno de estos tiene problemas, uno de los otros puede pasar a ser el servidor principal en su lugar.

En esta situación, la simple utilización de backups en cinta o disco externo no tiene el requisito de disponibilidad, ya que los datos no estarían disponibles durante el tiempo de restauración de la cinta con la base de datos.

- RAD.
- Snapshot.
- Mirroring.
- Replicación.

Algunas cuestiones que se debe tener en consideración en el momento en el que elaboramos uestra estrategia de backup/restore: --> Planificación

- ¿Cuáles son los requisitos de disponibilidad? ¿La Base de Datos tiene que estar on-line 24 horas del día, siete días a la semana o puede ser colocada off-line en determinados horarios?
- ¿Cuál es el coste de parar las operaciones de la empresa debido a la indisponibilidad de los datos? ¿Cuál es el coste? ¿Financiero y para la imagen de la empresa? ¿Cuándo ha estado la web de la empresa no disponible, debido a problemas con la base de datos?

- En caso de un fallo de hardware ¿Cuál es el tiempo aceptable hasta la restauración de la normalidad?
- ¿Su empresa tiene un DBA dedicado o es un servicio externalizado? ¿Quién es el responsable de las rutinas de backup? ¿Quién es el responsable de verificar si los procedimientos de backup/restore se están realizando en conformidad con la estrategia propuesta?

Recomendación: No basta con hacer el backup, necesitamos de una estrategia de pruebas y simulación de restauración de los datos, ya que muchas veces el backup se completa sin problemas, pero a la hora de restaurar los datos es cuando suceden los problemas. Por eso, la rutina de pruebas de restauración a partir de los backups debe formar parte de nuestra estrategia de backup.

También conocido como dump, un backup de la base de datos es la operación de copiar los datos en un dispositivo físico de backup. Este mismo puede ser a través del Enterprise Manager o con el comando BACKUP.

Para realizar un backup, no es necesario parar el SQL ni desconectar a sus usuarios, sin embargo, la realización del mismo con usuarios conectados hace con que haya una caída brusca de performance.

Existen 4 tipos diferentes de backups en el SQL Server:

- **Backup Completo**: en este tipo de backup, se copia toda la base de datos.
- **Backup Log**: en este caso se realiza un backup del Log de transacciones.
- **Backup Diferencial**: se utiliza el backup diferencial, sólo serán copiadas las informaciones que fueron modificadas desdel último backup completo.
- **File y Filegroup**: Una base de datos puede estar formada por varios archivos, y esos archivos pueden ser copiados individualmente.

El backup de filegroup y el backup de archivos de datos pueden ser una solución para Bases de Datos muy grandes, en las que incluso un backup diferencial no cabría en la ventana de tiempo del backup.

Estrategias de Backup/Restore

Vamos a ver algunos ejemplos teóricos de estrategias de backup/restore, donde consideramos los diferentes tipos de backups: completo, diferencial y del log de transacciones.

Ejemplo 1:

El backup completo diario de la base de datos. Vamos a considerar la programación de backup descrita en la Tabla 1.

Tabla 1 Backup completo de la base de Datos

Día	Backup/horario(s)
Lunes	Completo a las 23h
Marte	Completo a las 23h
Miércoles	Completo a las 23h
Jueves	Completo a las 23h
Viernes	Completo a las 23h
Sábado	Completo a las 23h
Domingo	Completo a las 23h

- **Hipótesis**: El jueves, a las 9 horas de la mañana la base de Datos se corrompe.
- **Recuperación de la base de Datos**: En esta situación solamente podremos restaurar los datos en la situación en que estos estaban el miércoles, a las 23 horas, que fue el horario del último backup completo. Todas las modificaciones realizadas, entre las 23 horas del miércoles y el momento en el que la base de Datos se corrompió, se habrán perdido.
- **Procedimiento de restore**: Restaurar el último backup completo disponible, que en este caso es el backup del miércoles.

Ejemplo 2:

El backup completo se ha realizado con backup del log de transacción: En esta estrategia hacemos un backup completo de la base de Datos en periodos más espaciados, digamos una o dos veces por semana. Entre un backup completo y otro, se realizan backups del log de transacciones. Vamos a considerar la programación de backup descrita en la Tabla 2.

Tabla 2 Backup completo de la base de Datos más el backup del log de transacciones.

Dia	Backup/horario(s)
Sábado	Completo a las 23h
Domingo	Backup del log a las 9h, 12h, 15h e 18h
Lunes	Backup del log a las 9h, 12h, 15h e 18h
Martes	Backup del log a las 9h, 12h, 15h e 18h
Miércoles	Backup del log a las 9h, 12h, 15h e 18h
Jueves	Backup del log a las 9h, 12h, 15h e 18h
Viernes	Backup del log a las 9h, 12h, 15h e 18h
Sábado	Completo a las 23h

- **Hipótesis**: El jueves, a la 9h30 la base de Datos se corrompe.
- **Recuperación de la base de Datos**: En esta situación podremos restaurar los datos a la situación en los que estos estaban el jueves, a las 9h, que fue el horario del último backup del log de transacciones. Todas las modificaciones realizadas entre 9h y 9h30 del jueves, y el momento en el que la base de Datos se corrompió, se habrán perdido.
- **Procedimiento de restore**: Restaurar el backup completo del Sábado a las 23h y todos los backups del log de transacciones, en la secuencia correcta, hasta el backup del log de transacciones del jueves a la 9h.

Observe que en esta situación tendríamos que restaurar 18 backups:

- Uno completo del sábado
- Cuatro backups del Log del domingo (9h, 12h, 15h y 18h)
- Cuatro backups del Log del lunes (9h, 12h, 15h y 18h)
- Cuatro backups del Log del martes (9h, 12h, 15h y 18h)
- Cuatro backups del Log del miércoles (9h, 12h, 15h y 18h)
- Un backup del Log del jueves (9h).

Ejemplo 3:

El backup completo se ha realizado con el backup diferencial y con el backup del log de transacciones. Vamos a considerar la programación de backup descrita en la Tabla 3.

Tabla 3 Utilizando backups completos, diferencial y del Log.

Dia	Backup/horario(s)
Sábado	Completo a las 23h
Domingo	Backup del log (9h, 12h, 15h e 18h)
Lunes	Backup del log (9h, 12h, 15h e 18h)
Martes	Backup del log (9h, 12h, 15h e 18h)
Miércoles	Backup del log (9h, 12h, 15h e 18h) Backup diferencial a las 23h
Jueves	Backup del log (9h, 12h, 15h e 18h)
Viernes	Backup del log (9h, 12h, 15h e 18h)
Sábado	Diferencial a las 23h
Domingo	Backup del log (9h, 12h, 15h e 18h)
...	

- **Hipótesis**: El jueves, a las 9h30, la base de Datos se corrompe.
- **Recuperación de la base de Datos**: En esta situación podremos restaurar los datos a la situación en la que estos estaban el jueves, a las 9h, que fue el horario del último backup del log de transacciones. Todas las modificaciones realizadas entre las 9h y 9h30 del jueves, y el momento en el que la base de

Datos se corrompió, se habrán perdido.

- **Procedimiento de restore**: Restaurar el backup completo del sábado a las 23h, después restaurar el backup diferencial del miércoles a las 23h y el backup del log de transacciones del jueves a la 9h.

Observe que en esta situación tendríamos que restaurar tres backups:

- Uno completo del sábado
- Uno diferencial del miércoles (23h)
- Un backup del log del jueves (9h)

Queda bastante claro que la utilización del backup diferencial facilita mucho el proceso de restauración de la base de Datos.

Backup Devices

Un backup device es un concepto que asocia un dispositivo físico de backup, como un driver de cinta o un volumen en un disco rígido.

- Los Backup devices de disco: este tipo de device está asociado con un archivo en el disco.
- Los Backup devices de cinta: este tipo de backups devices están asociados con un drive de cinta.

Recovery model

El modelo de recuperación es una propiedad de la base de datos, la cual afecta a la manera de cómo son ejecutadas las operaciones de backup y restore de una base de datos. Las operaciones de backup y restore se ejecutarán de diferentes maneras, dependiendo del recovery model configurado para la base de datos.

- **Full recovery model**: una base de datos configurada para utilizar este modelo mantiene en el log de transacciones el registro de todas las operaciones de datos, ejecutadas en la base de datos. (SELECT INTO, CREATE INDEX, ...)

- **Bulk-Logged recovery model**: una base de datos configurada para este modelo guarda una cantidad mínima de operaciones masivas, tales como la creación de índices e importación masiva de datos. (mejora el rendimiento para las actualizaciones masivas).

- **Simple recovery**: una base de datos configurada para este modelo guarda una cantidad mínima de informaciones en el log de transacciones, solamente las informaciones para mantener la consistencia de la base de datos.

Realizar un backup con query analyzer

```
USE master
EXEC sp_addumpdevice 'disk', 'bknw', 'C:\backups\bknk.bak'
BACKUP DATABASE northwind TO Disk = 'bknw'

USE master
EXEC sp_addumpdevice 'disk', 'bklog', 'C:\backups\bklog.bak'
BACKUP LOG northwind TO bklog
```

Realizar un restore con query analyzer

```
RESTORE DATABASE northwind FROM bknw
RESTORE LOG northwind FROM bklog
```

Programando Tareas

Podemos automatizar una serie de tareas administrativas, a través de la creación de jobs. Un job es una tarea administrativa, compuesta de uno o más pasos, la cual es programada para ejecutar automáticamente, en las fechas y horarios determinados, en las configuraciones del job.

Normalmente se programan, para la ejecución automática, aquellas tareas rutinarias que el DBA debe ejecutar, como backups, mantenimiento de índices y cualquier otra tarea que tenga que ser ejecutada periódicamente. Con eso liberamos al DBA de una serie de tareas administrativas repetitivas.

Para que la ejecución de tareas funcione correctamente, el servicio SQL Server Agent debe de estar ejecutándose. Lo ideal es que este servicio sea configurado para iniciarse automáticamente.

Programar Tareas. Facilitando la Vida del Administrador

Podemos automatizar una serie de tareas administrativas a través de la creación de jobs. Un job es una tarea administrativa, compuesta de uno o más pasos, la cual es programada para ejecutarse automáticamente, en las fechas y horarios determinados, en las configuraciones del job.

Para que la ejecución de tareas funcione correctamente, el servicio SQL Server Agent se debe de estar ejecutando. Lo ideal es que este servicio sea configurado para inicializarse automáticamente.

Además del servicio SQL Server Agent, también necesitamos de la Base de Datos msdb. Es en esa Base de Datos donde quedan almacenadas las informaciones y las programaciones de los jobs.

SELECT * FROM dbo.sysjobs_view

Creando un Job Paso a Paso

A título de ejemplo, vamos a crear un job que hace el backup completo de la Base de Datos Northwind, para el backup device del "ejercicio1". Vamos a programar este job para que se ejecute diariamente a las 23h.

Siga los pasos indicados que vemos a continuación:

- Abra el SQL Server Management Studio.
- Expanda la opción SQL Server Agent.
- Haga clic con el botón derecho del mouse en la opción Jobs, y seleccione New Job. Aparece la ventana Properties.
- Teclee el nombre del Job BackupNorthwind.
- En la lista Category, seleccione Database Maintenance. Este campo sólo atribuye una determinada categoría al Job, lo que ayuda en la

identificación de las funciones del mismo.

- En el campo owner, podemos seleccionar el "dueño" del job. Usuario logueado y que creó el objeto.
- En el campo Description, teclee el siguiente: Hace el backup de la base de datos Northwind, diariamente, a las 23h.
- Haga un clic en la pestaña Steps. En esta pestaña podremos definir los pasos que el job ejecutará.
- Para crear un nuevo paso, haga un clic en el botón New. Aparece una nueva ventana.
- Rellene los campos de la siguiente manera:
  - o **Step Name**: backupDeNorthwind
  - o **Type**: Transact-SQL Script (T-SQL)
  - o **Database**: Seleccione Northwind
  - o **Command**: Teclee el siguiente comando:
    - BACKUP DATABASE Northwind TO ejercicio1
- Haga clic en Parse, para verificar la sintaxis del comando.
- Haga clic en OK.
- Haga clic en la pestaña Schedules.
- Haga clic en el botón New para crear un nuevo programa.
- Para el nombre del programa teclee DiarioALas23Horas
- Certifica que la opción Recurring esté marcada.
- Haga las configuraciones de acuerdo con nuestro propósito, que es ejecutarse diariamente a las 23 horas.
- Haga clic en OK.

Atención: El device "ejercicio1" ya debe estar creado.

Observación: No es necesario esperar hasta a las 23 horas para ver que se ejecuta el job. Podemos ejecutar el job manualmente, en cualquier momento. Para eso basta con hacer clic con el botón derecho del mouse en el job y, en el menú que aparece, haga clic en Start Job.

Seguridad en el SQL Server

De modo simplificado, la seguridad en el acceso a la informaciones significa que el usuario debe ser capaz de acceder a los datos necesarios con el nivel de acceso suficiente (y no más que suficiente), para que el usuario realice su trabajo.

A través del mecanismo de seguridad también evitamos que personas no-autorizadas tengan acceso a los datos. Para ello tenemos que tener en cuenta:

- Una visión general de la seguridad.
- Tipos de seguridad disponibles.
- El rol, creación y administración de Schemas y User Logins.
- Como atribuir permisos a los objetos de una base de Datos.
- Que son Roles, como crearlos y administrarlos.
- La planificación y gestión de la seguridad.

La seguridad en el SQL Server se basa en los siguientes conceptos:

- Logins.
- User Accounts
- Schemas.
- Roles.
- Permissions.

Primero Necesitamos Conectar con el Servidor SQL Server

El primer paso para que el usuario pueda acceder al servidor SQL Server es establecer una conexión con una instancia del servidor SQL Server.

Los modos de autenticación posibles son los siguientes:

- Windows Authentication mode.
- SQL Server and Windows Authentication mode.

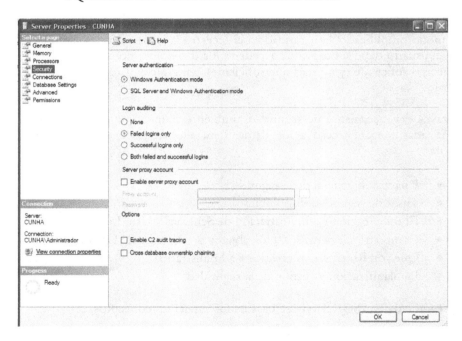

Permisos para ACCEDER A los Objetos DE LA BASE de Datos

Hacer el Logon en el SQL Server no garantiza el acceso a una o más Bases de Datos. Usted necesita tener permiso de acceso a la(s) Base(s) de Datos y, además, también necesita tener permiso de acceso a los objetos de la base de Datos.

El usuario necesita pasar por dos niveles de seguridad:

- Permiso para hacer la conexión con el SERVIDOR\INSTANCIA.
- Permiso para acceder a una o más Bases de Datos.

Conecté con el Servidor, tengo permiso de acceso a la Base de Datos y aun así no consigo ejecutar una consulta. ¿Qué está sucediendo?

El hecho de poder definir los permisos para cada objeto nos da una gran flexibilidad. A partir de esta flexibilidad es cómo podemos definir los diferentes niveles de acceso para los diferentes usuarios, lo que es bastante común y necesario en las aplicaciones actuales.

Algunos usuarios deben tener permiso de lectura a los datos; otros de lectura y modificación; otros de lectura, modificación y eliminación y así sucesivamente.

Schema - Principal

Principal: un principal es considerado cualquier objeto que pueda solicitar acceso a recursos del SQL Server, por ejemplo, usuarios y grupos de windows, logins y roles del SQL Server, y applications roles.

Schema: un schema es un conjunto de objetos, todos los objetos pertenecientes a un schema tienen como dueño el mismo principal.

En el SQL Server todos los objetos de una base de Datos tienen como dueño un schema. Veamos un ejemplo:

Servidor.Base_de_Datos.Schema.Objeto

Observación: En el SQL Server 2000 el usuario es dueño del objeto y no del schema.

En el SQL Server 2000 el nombre completo sería de la siguiente manera:

Servidor.Base.Usuario.Objeto

A continuación veremos un ejemplo:

Cunha.Ventas.jcunha.Cliente

Si fuera necesario, por algún motivo, cambiar el dueño de la tabla cliente para jsilva. Entonces usted tendría que cambiar el schema para:

Cunha.Ventas.mrodriguez.Cliente

A partir del SQL Server 2005 los objetos de la base de Datos están contenidos dentro de un schema, como por ejemplo:

Cunha.Ventas.Datos.Cliente

De esta forma, si fuera necesario por algún motivo, cambiar el dueño de la tabla cliente de mrodriguez, el schema no necesitará ser modificado.

Resumiendo:

- Un schema es un container de objetos.
- Todo objeto pertenece a un schema.
- Todos los objetos de un schema tienen el mismo dueño, que es el dueño del schema.
- Los permisos pueden ser atribuidos para el schema y también para los objetos dentro del schema.

Las principales ventajas de la separación entre usuarios y schemas son:

- Varios usuarios pueden ser dueños de un schema, a través de la definición de una rol o un grupo de Windows, como dueño del schema.
- El proceso de eliminación de un usuario es mucho más simplificado. Para eliminar a un usuario, no es necesario modificar el dueño de todos los objetos de aquel usuario, a partir del SQL Server 2005 el usuario ya no es el dueño del objeto y sí del schema.

- Con la posibilidad de definición de permisos directamente a un schema y también a los objetos contenidos en el schema, podemos definir un nivel de permisos de una manera mucho más gradual que en el SQL Server 2000.

Creando Logins con comandos T-SQL

Tabla 1 Mandos para añadir logins

Comando	Utilizado
Sp_grantlogin	Para añadir logins de Windows. podemos añadir usuarios o grupos. Utilizamos el formato DOMINIO\nombre o SERVIDOR\nombre.
Sp_addlogin	Para añadir nuevos logins del SQL Server, para el caso en el que estamos utilizando el modo de seguridad SQL Server.

La sintaxis del comando sp_grantlogin es la siguiente:

exec sp_grantlogin "DOMINIO\nombre"

o

exec sp_grantlogin [DOMINIO\nombre]

o

exec sp_grantlogin "SERVIDOR\nombre"

Por ejemplo, para añadir el usuario chico, al dominio CUNHA, utilice el siguiente comando:

Exec sp_grantlogin "CUNHA\chico"

Podemos eliminar el permiso de login a un usuario o grupo de Windows, utilizando el comando sp_revokelogin.

Las sintaxis del comando sp_revokelogin es la siguiente:

exec sp_revokelogin "DOMINIO\nombre"

o

exec sp_revokelogin [DOMINIO\nombre]

o

exec sp_revokelogin "SERVIDOR\nombre"

Por ejemplo, para eliminar el permiso de login del usuario chico, del dominio CUNHA, utilice el siguiente comando:

Exec sp_revokelogin "CUNHA\chico"

Observación sobre el comando sp_revokelogin: Al eliminar el permiso de login, el usuario no podrá conectarse más con el servidor SQL, a menos que uno de los grupos a los cuales el usuario pertenezca tenga permiso de login. Recuerde que el usuario siempre hereda los permisos del grupo.

Podemos negar, explícitamente, el permiso de login a un usuario o grupo de Windows, utilizando el comando sp_denylogin. En este caso, la cuenta del usuario o grupo continúa en la lista de logins, sin embargo tendrá el derecho de conexión con el servidor SQL, explícitamente negado.

La sintaxis del comando sp_denylogin es la siguiente:

Exec sp_denylogin "DOMINIO\nombre"

o

Exec sp_denylogin [DOMINIO\nombre]

o

Exec sp_denylogin "SERVIDOR\nombre"

Por ejemplo, para negar, explícitamente, el permiso de login del usuario chico, del dominio CUNHA, utilice el siguiente comando:

Exec sp_denylogin "CUNHA\chico"

Observaciones sobre el comando sp_denylogin: Sp_denylogin no se puede ejecutar como parte de una transacción definida por el usuario o por un aplicativo que el usuario está utilizando.

Para permitir que el usuario vuelva a conectarse, eliminando el efecto de sp_denylogin, podemos utilizar sp_grantlogin.

Ahora vamos a tratar sobre los comandos para añadir y eliminar logins del propio SQL Server, los cuales pueden ser utilizados, cuando la instancia del SQL Server esté configurado con el modo de autenticación SQL Server and Windows Authentication.

Para elloo utilice el comando sp_addlogin. La sintaxis del comando sp_addlogin:

```
Sp_addlogin [ @loginame = ] 'login'
    [ , [ @passwd = ] ' password' ]
    [ , [ @defdb = ] 'database' ]
    [ , [@deflanguage = ] 'language' ]
    [ , [ @sid = ] sid ]
    [ , [ @encryptopt = ] 'encryption_option' ]
```

Observe que podemos definir una serie de opciones, tales como la contraseña, la base de Datos asociada al login, un identificador de seguridad único (sid) y la definición de si la contraseña va a ser encriptada o no cuando se almacene en el servidor.

Sid es un varbinary(16)

Por ejemplo, para añadir el usuario Juan1, con contraseña en blanco y asociado a la Base de Datos Northwind

Exec sp_addlogin "Juan1", "", "Northwind"

Para eliminar un login SQL Server, podemos utilizar el comando sp_droplogin. La sintaxis para el comando sp_droplogin es la siguiente:

Exec sp_droplogin "nombre"

Por ejemplo, para eliminar al usuario Juan1, podemos utilizar el siguiente comando:

Exec sp_droplogin "Juan1"

Algunas observaciones sobre el comando sp_droplogin: Sysadmin y securityadmin tienen permiso para utilizar ese comando. Si el login que está siendo eliminado está añadido como usuario de alguna Base de Datos, el login no podrá ser eliminado.

Los siguientes logins no podrán ser eliminados:

- El login de administración sa
- Un login que esté actualmente conectado con el servidor.

Al crear un login en el SQL Server, debemos tener los siguientes hechos en consideración:

- Un login no puede contener el caracteres de barra invertida \ como parte del nombre.
- Los logins y contraseñas pueden contener hasta 128 caracteres, incluyendo letras, símbolos y dígitos.
- No podemos añadir un login con el mismo nombre de un login reservado, como por ejemplo sa o public.
- El nombre de login no puede contener el valor NULL o ser una string vacía "".

Creando Roles

Podemos utilizar Roles para simplificar la atribución de permisos de acceso a los objetos del SQL Server. Los Roles son similares al concepto de grupos de usuarios de Windows.

Por ejemplo: Role --> FinanzasrConsulta y otro Role --> FinanzasModfiicacion.

En la base de Datos Finanzas damos permisos solamente de lectura para el rol FinanzasConsulta y de lectura/Escritura y eliminación para el rol FinanzasModificacion. Después, incluimos a los usuarios que necesitan de acceso solo lectura en el rol FinanzasConsulta, y los que necesitan de acceso de mantenimiento en la base de datos, los incluimos en el rol FinanzasModificacion.

Si un usuario no debe tener más veces acceso de modificación, solamente tenemos que retirarlo del rol FinanzasModificacion.

Existen algunas roles que ya están creados en el momento de la instalación. Tenemos las llamadas Server Roles y las Databases Roles.

Tabla 2 Permisos asociados con las principales Server Roles.

Role	Permissões para os membros dessa Role
Sysadmin	Poderes totales sobre todos los objetos del servidor.
Securityadmin	Puede gestionar logins del servidor.
Serveradmin	Puede configurar la mayoria de las opciones del servidor.
Diskadmin	Gestiona los archivos de una base de dados.
Dbcreator	Crea y modifica Bases de Dados.
Processadmin	Gestiona procesos ejecutándolos en el SQL Server.
Setupadmin	Puede gestionar y configurar la replicación entre servidores SQL Server y extender los store procedures.

Observación: no es posible crear nuevos roles de servidor

También tenemos algunos roles predefinidas para la Base de Datos. En la Tabla 3, tenemos la descripción de estos roles.

Tabla 3 Permisos asociados con los principales Fixed Databases Roles.

Role	Permissões para os membros desta role.
db_owner	Tiene puederes totales sobre la base de dados.
db_accessadmin	Puede añadir y eliminar usuarios de la Base de Dados.
db_datareader	Puede leer datos en todas las tablas de usuario de la BD.
db_datawriter	Puede añadir, modificar o eliminar datos en todas las tablas de usuario de la BD.
db_ddladmin	Puede añadir, modificar o eliminar objetos de la BD.
db_securityadmin	Puede gestionar roles y añadir o eliminar usuarios de los roles del la BD. Puede gestionar los permisos para objetos de la BD.
db_backupoperator	Puede hacer el backup de la BD.
db_denydatareader	No puede consultar datos en ninguna de las tablas de la BD, pero puede efectuar modificaciones en la estructura de la BD y de sus objetos.
db_denydatawriter	No puede modificar datos en la base de Datos.

Existe un rol llamado public. Todos los usuarios añadidos a una base de datos automáticamente pertenece a este role. No podemos añadir nuevos usuarios a este rol, ya que cualquier usuario o rol que se añade a la base de Datos formará parte de este role.

El rol Public no puede ser eliminado.

Debemos tener cuidado con los permisos atribuidos a este, ya que todos los usuarios de la base de Datos forman parte de este.

Si el rol public es utilizado correctamente, puede simplificar la administración, en determinadas situaciones. Por ejemplo, si todos los usuarios de una base de Datos deben tener acceso de lectura, basta con dar permiso de lectura al rol public. Como todos los usuarios pertenecen al rol public, estos heredarán el permiso de lectura, atribuido al rol public.

Creando Nuevos Roles Usando T-SQL

Para añadir un nuevo rol a una base de Datos, utilizamos el comando sp_addrole, su sintaxis es como vemos a continuación:

exec sp_addrole "nombre", "dueño del rol"

Por ejemplo, para añadir un rol llamado prueba, cuyo dueño se llamará Cliente, haga lo siguiente:

exec sp_addrole "prueba", "Cliente"

Observaciones: Si no se especifica el parámetro dueño, el dueño del rol será el Schema dbo: database owner.

No podemos crear nuevos roles a nivel de servidor, solamente a nivel de BD.

Para excluir un role, podemos utilizar el comando sp_droprole. La sintaxis de sp_droprole es la siguiente:

exec sp_droprole "nombre"

A continuación veamos un ejemplo:

exec sp_droprole "prueba"

El comando sp_helprole " suministra informaciones sobre todos los roles de la BD. Por ejemplo:

Use Northwind
exec sp_helprole

Permiso de Acceso a la base de Datos (T-SQL)

Para añadir un logins a la lista de usuarios autorizados a acceder a una base de Datos, utilizamos el comando sp_grantdbaccess.

La sintaxis de sp_grantdbaccess es la siguiente:

use database
exec sp_grantdbaccess "nombre de login"

Por ejemplo, para añadir al usuario user1, del dominio CUNHA a la base de Datos Northwind, haga lo siguiente:

Use Northwind
Exec sp_grantdbaccess "CUNHA\user1"

Eliminando el acceso: Para retirar el permiso de acceso al usuario a una base de Datos, utilice el comando sp_revokedbaccess.

Por ejemplo, para eliminar el acceso al usuario CUNHA\user1, de la base de Datos Northwind, haga lo siguiente:

Use Northwind
Exec sp_revokedbaccess "CUNHA\user1"

Añadiendo Usuarios Como Miembro de Uno o Más Roles

Para añadir a un usuario a un rol de servidor, utilice el siguiente comando:

Exec sp_addsvrrolemember "login", "rol"

Por ejemplo, para añadir a los usuarios user 1 y user2 del servidor CUNHA al rol sysadmin, haga lo siguiente:

Exec sp_addsvrrolemember "CUNHA\user1", "sysadmin"
Exec sp_addsvrrolemember "CUNHA\user2", "sysadmin"

Para eliminar a un usuario de un rol del servidor, utilice el comando sp_dropsvrrolemember.

Por ejemplo, para eliminar a los usuarios user1 y user2 del servidor CUNHA del rol sysadmin, haga lo siguiente:

Exec sp_dropsvrrolemember "CUNHA\user1", "sysadmin"
Exec sp_dropsvrrolemember "CUNHA\user2", "sysadmin"

Para añadir a un usuario a un rol de Base de Datos, utilice el siguiente comando:

Use database

Exec sp_addrolemember "role", "usuario"

Por ejemplo, para añadir a los usuarios user1 y user2 del servidor CUNHA, como miembros del rol consulta de la base de Datos Ventas, haga lo siguiente:

Use Ventas
Exec sp_addrolemember "Consulta", "CUNHA\user1"
Exec sp_addrolemember "Consulta", "CUNHA\user2"

Para eliminar a un usuario de un rol de Base de Datos, utilice el siguiente comando sp_droprolemember.

Por ejemplo, para eliminar a los usuarios user1 y user2 del Servidor CUNHA, del rol Consulta, de la base de Datos Ventas, haga lo siguiente:

Use Ventas
Exec sp_droprolemember "Consulta", "CUNHA\user1"
Exec sp_droprolemember "Consulta", "CUNHA\user2"

Atribuir Permisos de la Base De Datos

Para una base de Datos, podemos definir, de entre otras, los siguientes permisos:

- Create Table.
- Create View.
- Create SP.
- Create Rule.
- Create Function.
- Backup DB.
- Backup Log
- Etc.

Para atribuir permisos con el T-SQL, utilice el comando GRANT.

La sintaxis de GRANT es la siguiente:

GRANT { ALL | statement [,...n] } TO security_account [,...n]

Ejemplo1: Garantizar para el login CUNHA\user1 el permiso de crear nuevas Bases de Datos:

GRANT CREATE ANY DATABASE TO [CUNHA\user1]

(Login de instancia Windows)

Observación: La base de Datos actual debe ser el Master.

Ejemplo2: Atribuir los permisos CREATE TABLE, CREATE RULE y CREATE VIEW, al usuario user1 del servidor CUNHA en la base de Datos Northwind.

Use Northwind
GRANT CREATE TABLE, CREATE RULE, CREATE VIEW
TO [CUNHA\user1]

Ejemplo3: Atribuir los permisos CREATE TABLE, CREATE RULE y CREATE VIEW, para los usuarios user1 y user2 del servidor CUNHA en la base de Datos Northwind.

Use Northwind
GRANT CREATE TABLE, CREATE RULE, CREATE VIEW
TO [CUNHA\user1], [CUNHA\user2]

Ejemplo4: Atribuir todos los permisos para los usuarios user1 y user2 del servidor CUNHA, en la base de Datos Northwind.

Use Northwind
GRANT ALL TO [CUNHA\user1], [CUNHA\user2]

Para retirar los permisos de la Base de Datos, utilice el comando REVOKE.

Sintaxe:
REVOKE { ALL | statement [,...n] } FROM security_account [,...n]

Ejemplo1: Retirar el permiso de crear nuevas Bases de Datos, atribuida para el login CUNHA\user1, que hemos visto anteriormente.

REVOKE CREATE DATABASE TO [CUNHA\user1]

Observación: La base de Datos Master debe ser la actual.

Ejemplo2: Retirar todos los permisos atribuidos al usuario user1 del servidor CUNHA, en la base de Datos Northwind.

Use Northwind
REVOKE ALL TO [CUNHA\user1]

Los principales permisos de objetos de la Base de Datos son:

- SELECT.
- INSERT.
- DELETE.
- UPDATE.
- EJECUTE.
- REFERENCES.

Para atribuir permisos de los objetos de la base de Datos utilice el comando GRANT.

Ejemplo1: Garantizar para el usuario user1 de CUNHA el permiso de seleccionar nuevos registros y actualizar los registros existentes, en la tabla Cliente de la base de Datos Ventas.

Use Ventas
GRANT SELECT, UPDATE ON Cliente TO [CUNHA\user1]

Ejemplo2: Garantizar para el usuario user1 y user2 de CUNHA el permiso de seleccionar nuevos registros, actualizarlos y eliminarlos, en la tabla Cliente de la base de Datos Ventas.

Use Ventas
GRANT SELECT, UPDATE, DELETE ON Cliente
TO [CUNHA\user1], [CUNHA\user2]

Para retirar los permisos de los objetos de la base de Datos utilice el comando REVOKE.

Ejemplo1: Retirar el permiso UPDATE, atribuido para el usuario user1 del servidor CUNHA, que hemos visto anteriormente.

Use Ventas
REVOKE UPDATE ON Cliente TO [CUNHA\user1]

Ejemplo2: Retirar todos los permisos atribuidos al usuario user2, en la tabla Cliente de la base de Datos Ventas.

Use Ventas
REVOKE ALL ON Cliente TO [CUNHA\user2]

Para negar los permisos de los objetos de la base de Datos utilice el comando DENY.

Eemplo1: Negar permiso UPDATE, para el usuario user1 del servidor CUNHA, en la tabla Cliente de la base de Datos Ventas.

Use Ventas
DENY UPDATE ON Cliente TO [CUNHA\user1]

Eemplo2: Negar permiso SELECT, UPDATE y DELETE, para los usuario user1 y user2 del servidor CUNHA, en la tabla Cliente, de la base de Datos Ventas.

Use Ventas
DENY SELECT, UPDATE, DELETE ON Cliente
TO [CUNHA\user1], [CUNHA\user2]

Trabajando con Schema

A buen seguro unos de los principales cambios que sucedió entre las versiones anteriores y el SQL Server 2005 fue la separación entre usuarios y Schemas. Donde ya no existe más el concepto de dueño de los objetos de una base de Datos, tales como tablas, views y stored procedures. A partir del SQL Server 2005, todos los objetos pertenecen a un schema y tenemos el dueño del schema y ya no más el dueño de los objetos.

Vamos a aprender a ejecutar las siguientes tareas:

- Crear nuevos schemas.
- Atribuir objetos la schema.
- Modificar el dueño de un schema.

Ejemplo1: Vamos a crear un schema llamado Produccion, dentro de la base de Datos Empresa, de la instancia CUNHA. Para eso, siga los pasos que siguen a continuación:

- Abra el SQL Server Management Studio.
- En la ventana Object Explorer, navegue hasta la base de Datos Empresa.
- Haga clic en la señal de al lado de la base de Datos Empresa.
- Haga clic en la señal de al lado de Security.
- Haga clic en la señal de al lado de Schema y observe la lista de schemas ya definidos.
- Haga clic con el botón derecho del mouse en la opción Schema y seleccione la opción New Schema.
- En el campo Name teclee Produccion y, para el dueño de este schema, vamos a especificar el rol Gerentes. En el campo Schema Owner teclee Gerentes.
- Haga clic en OK. El nuevo schema está creado.

Al crear un schema podrá crear nuevos objetos y añadirlos a este schema, podrá modificar las propiedades de los objetos ya existentes, para que pasen a formar parte de este schema y podrá atribuir permisos de acceso, directamente al schema.

El SQL Server atribuirá el nuevo objeto que está siendo creado, al schema definido como Default schema (dbo), para el usuario logueado.

Como ejemplo vamos a crear una nueva tabla (Venta) en la base de Datos. Empresa y asociar esta tabla al schema Produccion.

- Seleccione la opción New Table.
- Abra la ventana de propiedades (F4).
- Seleccione Schema --> Produccion

Para Modificar el dueño de un schema, siga los siguientes pasos:

- Abra el SQL Server Management Studio.
- Localice el schema que será modificado.
- Haga doble un clic en el schema, para abrir la ventana de propiedades del schema.
- En la ventana propiedades, en la Pestaña General, en el campo schema Owner, basta con teclear el nombre del nuevo dueño (que puede ser un usuario o una rol).
- Haga clic en OK.

Gestión y Alta Disponibilidad

Un gran desafío en la vida de cualquier administrador de bases de datos es gestionar y proveer alto rendimiento y alta disponibilidad en la infraestrutura tecnológica.

La información en el mundo corporativo crece mucho y cada vez más las empresas para alcanzar el éxito de sus negocios necesitan de la alta disponibilidad en el almacenimiento de datos.

En un entorno de alta disponibilidad, paralizar la base de datos para realizar mantenimientos de rendimiento (tunning), realizar nuevas configuraciones o realizar un cambio de discos rígidos en el entorno tecnológico podrá conllevar graves consecuencias financieras para la empresa.

En este capítulo vamos a utilizar las sigla de Database Administrator (DBA), esa sigla es la que se utiliza en el mercado de trabajo para denominar a un administrador de bases de datos.

Con el crecimiento de la base de datos el DBA necesita cada vez más de herramientas que aumenten su produtividad y lo ayude a automatizar las tareas diarias.

El almacenamiento y la alta disponibilidad en los sistemas de base de datos es un gran objetivo de cualquier DBA.

Cuando se busca tener el rendimiento del acceso a los datos y la alta disponibilidad, se deben utilizar tecnologías y recursos disponibles en el mercado de manera adecuada, garantizando las incontables mejorías en la gestión y disponibilidad del entorno.

Objetivo

El Objetivo de este capítulo es introducir conceptos de alta disponibilidad en almacenamiento de base de datos, enfatizar en la responsabilidad que un DBA debe tener con las informaciones cruciales de la base de datos y evaluar las herramientas disponibles en el mercado que facilitan la gestión del almacenamiento de esas informaciones.

Proveer de alta disponibilidad en el almacenamiento en la base de datos no es una tarea fácil, para que eso suceda el DBA deberá conocer su entorno de una forma amplia.

Base de datos relacional

Un sistema de base de datos es básicamente un sistema computadorizado de mantenimiento de registros, esos registros son almacenados en un base de datos que es controlado por un Sistema Gestor de Base de Datos (SGDB).

El SGBD tiene las características de reparto de datos, control de acceso, control de redundancia, interfaz, esquematización, backup y control de integridad, esas opciones garantizan los datos seguros, íntegros y disponibles cuando son solicitados por cualquier usuario del sistema.

El modelo de datos más popular es el de Entidad-Relación (ER), en el modelo ER tenemos entidades, atributos y relaciones. El lenguaje estándar del modelo ER es el lenguaje Structured Query Language (SQL) que fue basado en el álgebra relacional, su fácil comprensión hizo de este modelo el estándar adoptado por el mercado.

Almacenamiento

SISTEMA DE ARCHIVOS

Un sistema de archivos controla todos los archivos en un sistema y procesa los comandos de los usuarios que desean interactuar (leer, grabar, modificar, crear, borrar, etc.).

Cualquier sistema de archivos debe ser capaz de almacenar, organizar, decodificar y manipular los datos independientemente de la forma de almacenamiento utilizada.

Otro punto es que un sistema de archivos debe gestionar y mantener la integridad y seguridad de los archivos.

Debe permitir la identificación, organización, reparto, acceso, protección y operaciones de Entrada/Salida (I/O) en los datos almacenados, además de garantizar un acceso rápido a los datos solicitados por el sistema operativo.

Los sistemas de archivos más comunes son:

- Apple: HFS ;
- Unix: UFS, Ext2, Ext3 y Ext4;
- IBM: HPFS;
- Microsoft: FAT 32 y NTFS;

En resumen un sistema de archivos debe ser extremadamente seguro, rápido y de fácil mantenimiento.

STORAGE

Se define un storage como un dispositivo que almacena datos de forma persistente para su uso posterior.

Un storage debe ser gestionable, proveer de disponibilidad, seguridad, escalabilidad, rendimiento e integridad de los datos almacenados.

En los storage se destacan los siguientes tipos:

- **Direct-Attached Storage (DAS):** un dispositivo de almacenamiento tradicional, no utiliza ningún tipo de red.
- **Network-Attached Storage (NAS):** un dispositivo conectado a un ordenador que es accedido a través de una red, normalmente está asociado al protocolo Network File System (NFS).
- **Storage Area Network (SAN):** una red especializada, que permite a otros ordenadores tener acceso al almacenamiento de datos.

La diferencia crucial entre el NAS y SAN es la forma en como el sistema de archivos accede a SAN..

Por SAN el acceso es al nivel de direccionamiento de bloque (block-addressing raw level data) de los discos de SAN, ese modo normalmente está asociado al protocolo Fibre Channel.

RAID

Un RAID es una tecnología que posibilita el uso de múltiples discos en conjunto, el cual suministra protección a los datos contra fallos de Hard Disk Drives (HDDs), esta tecnología también puede ser aplicada en storage.

De forma general el RAID genera un aumento de rendimiento de I/O en el sistema de almacenamiento, debido al uso de varios HDDs.

Con el tiempo el término RAID fue redefinido para Redundant Array of Independent Disks reflejando el avance en la tecnología de almacenamiento.

La tecnología RAID dejó de ser un concepto académico para hacerse un estándar de la industria. Existen dos tipos de implementación de RAID: software y/o hardware, consiguiendo mayor confiabilidad, compatibilidad y rendimiento en las implementaciones realizadas vía hardware.

El RAID vía hardware puede ser implementado a través de placas controladoras o a través de storages externos que presentan los volúmenes para el host , y estos se comunican a través de un protocolo soportado por el conjunto de discos.

- **RAID 0** - Striping, los datos son distribuidos entre los discos que están alojados en el RAID, no tiene seguridad, la pérdida de un disco representa la pérdida del array.

- **RAID 1** - Mirroring, los datos son grabados simultáneamente, idénticamente en dos o más discos, el fallo de un disco no acarrea la pérdida de datos.
- **RAID 10** - Es la combinación de striping y mirroring. Los datos son primero espejados y después distribuidos.
- **RAID 5** - Mínimo de tres discos para ser implementado, distribuye los datos y los códigos de paridad de esos datos entre los discos de la array. Si un disco fallar no hay pierda de informaciones. Los datos y la paridad de esos datos son usados para reconstruir el disco que falló. El RAID 5 es el preferido para mensajes de e-mail, data mining, servicios de media además de SGBD ya que optimiza los accesos a los datos.

Los discos únicos pueden fallar y eso representa una amenaza constante para el DBA. Utilizando las técnicas de RAID se aumenta la disponibilidad a través del espejamiento y la paridad, además de mejorar el rendimiento, ya que al distribuir los datos por múltiples HDDs se incrementa la performance de I/O.

El RAID es una tecnología fundamental para diversos avances en almacenamiento y ofrece alto rendimiento y alta disponibilidad.

RAW DEVICES

Un concepto importante en el almacenamiento es el de Raw devices (Dispositivo de almacenamiento de datos en estado bruto), en un entorno crítico, una base de datos necesita del mejor rendimiento de grabación y de recuperación de datos en disco, es uno de los objetivos más deseados por cualquier DBA.

Raw devices son particiones en la forma bruta, es decir, sin formatación, en ese caso es necesario un aplicativo específico para su gestión, ya que como la partición no está formateada esta no tiene un sistema de archivos.

Entornos críticos y alta disponibilidad

CLUSTER

Un gran problema computacional en que el procesamiento paralelo se considerado una ventaja, puede estar indicado para utilización en un cluster. Un cluster es una agrupación de dos o más ordenadores o sistemas que comparten básicamente memoria, almacenamiento, procesamiento y red.

En un sistema de cluster los ordenadores son denominados como uno y están conectados entre sí a través de una Red de Área Local (LAN).

Las principales características de un cluster son: rendimiento, balanceamiento de carga y redundancia de datos.

Para el usuario un cluster se resume en un único ordenador mucho más potente. Algunos tipos de clusters son los que vemos a continuación:

- **High Availability**: de alta disponibilidad, utilizado en bases de datos de misión crítica.
- **Load Balancing**: distribuye el tráfico entrante y los recursos del cluster, utilizado en web farms y también en cluster de procesamiento distribuido, ese modelo aumenta el rendimiento y la disponibilidad de aplicaciones principalmente de grandes tareas computacionales, también es usado en aplicaciones financieras y científicas.

CONTINUIDAD DE NEGOCIOS

El Business Continuity (BC), implica la preparación, respuesta y recuperación de un fallo sistémica, envuelve medidas pro-activas, análisis y evaluaciones de riesgo, protección de datos, seguridad y también medidas reactivas en caso de fallos.

La "Continuidad del Negocio" tiene que garantizar la disponibilidad de las informaciones garantizando las operaciones de la empresa.

La indisponibilidad de datos, tiempo inactivo o paradas no planeadas dan como resultado en pérdida de produtividad e ingresos, rendimiento financiero débil y daños a la reputación.

El impacto del tiempo de inactividad sobre el negocio es la suma de todas esas pérdidas generadas como resultado de determinada interrupción.

El coste medio por hora de tiempo inactivo suministra una estimación clave para establecer soluciones de BC.

TOLERANCIA LA FALLOS

Para atenuar un punto único de fallo, los sistemas son proyectados con redundancia, a modo que sólo fallen si todos los componentes del grupo de redundancia fallan.

Esa estructura asegura que el fallo de un único componente no afecte a la disponibilidad.

Habitualmente se aplican directrices muy rigurosas para implementar la estructura de tolerancia la fallos en Data Centers. De entre las cuales podemos citar:

- Configuración de Storage Array.
- Configuración de RAID asegura una operación continua en caso de fallo del Hard Disk (HD)

CONFIGURACIÓN DE CLUSTERS

Las nuevas tecnologías llevan a un conjunto variado de opciones en términos de dispositivos y soluciones de almacenamiento que atiendan a requisitos de alta disponibilidad y continuidad de negocios.

Analizar las configuraciones de hardware y software y su impacto en las operaciones de la empresa, son esenciales, ya que en un entorno de negocios en constante cambio, el BC se hace una tarea exigente.

A continuación veremos una solución específica de alta disponibilidad en almacenamiento.

Alta disponibilidad en almacenamiento

La utilización de herramientas específicas que garanticen integridad, alta disponibilidad, seguridad y alto rendimiento en el almacenamiento de datos en un entorno crítico deben ser cuidadosamente escogidos por el DBA, ya que una planificación que no aborde correctamente el crecimiento de la empresa afectará a su necesidad de almacenamiento, el acceso íntegro y seguro a lo largo del tiempo.

Una gestión incorrecta de las informaciones disponibles en su base de datos afectará drásticamente a la continuidad de los negocios.

Todo DBA busca herramientas donde este pueda tener un mejor rendimiento aliado con una mayor seguridad. Los conceptos básicos que hemos visto hasta ahora le ayudará a entender una tecnología desarrollada por Oracle que fue implementada en la versión Oracle 10g release 1 llamada de Oracle Automatic Storage Management (ASM).

La tecnología ASM tiene su propio sistema de archivos, llamado Oracle ACFS, (Automatic Storage Management Cluster File System) este es un sistema de archivos escalable y multi-plataforma.

El Oracle ASM es capaz de gestionar el almacenamiento en servidores stand-alone o en servidores en cluster.

La herramienta dispone de funciones integradas que permiten al DBA el análisis completo de su entorno de almacenamiento, garantizando la integridad de las informaciones disponibles.

Es posible visualizar la carga de I/O de informaciones en uso en el grupo de discos, y esa visualización permite al DBA planear de manera más eficiente los mantenimientos técnicos, además de escalar adecuadamente la expansión del entorno de almacenamiento.

Base de datos Oracle

Oracle Corporation más conocida como Oracle es una empresa americana con sede en la ciudad de Redwood City en el estado de California.

Su principal producto es la Oracle Database que tiene las versiones Express Edition, Standard Edition, Standard Edition One y Enterprise Edition.

La base de datos Oracle tiene como su principal característica seguir el modelo relacional además de evolucionar cada versión ofreciendo herramientas para una mejor gestión, proveyendo escalabilidad, seguridad y alto rendimiento para el almacenamiento de datos.

Los archivos de la base de datos Oracle están agrupados en una o más tablespaces. Mientras una tablespace es una división logica, un datafile es una división física que por su parte puede formar parte de una o más tablespaces.

Una instancia Oracle, concepto fundamental en la estructura de la base de datos Oracle es una combinación del área de memoria reservada y los procesos en background usados para gestionar el acceso a las informaciones almacenadas en la base de datos.

Oracle ASM

Uno de los recursos que permiten alta disponibilidad al acceso a los datos es el Oracle ASM.

El Oracle ASM es un gestor de volúmenes y un sistema de archivos que utiliza el recurso de multiplexación automatizada que distribuye entre los discos disponibles los archivos de datos, archivos de log y archivos de control, este soporta instancias simples y configuraciones con múltiples instancias a través del Oracle Real Aplication Cluster (RAC).

Esa solución de gestión y almacenamiento utiliza dispositivos Raw devices separados por grupos de discos, utilizados para almacenar los archivos de datos.

Siendo los grupos de discos una colección de discos gestionados como una única unidad. La tecnología Oracle ASM permite la gestión, adición y supresión de nuevos discos al grupo de discos mientras la base de datos no para de funcionar, de esta forma eliminamos las paradas no programadas.

El Oracle ASM puede coexistir con otros tipos de sistemas de archivos y tecnologías de gestión de almacenamiento de discos, facilitando así su implantación.

Una instancia de Oracle ASM es similar al concepto de instancia de una base de datos, tiene una área llamada de System Global Area (SGA) y procesos de background, pero para realizar una cantidad más pequeña de tareas el SGA del Oracle ASM tiene un menor impacto en el rendimiento del servidor. Las instancias del Oracle ASM disponibiliza los archivos y monta los grupos de discos para la instancia de la base de datos.

En entornos con Oracle RAC se creado una instancia ASM para cada nodo del cluster. Sólo se necesita una instancia ASM para cada nodo, no importa cuántas instancias de la base de datos estén en el nodo.

La figura 1 muestra múltiples instancias de base de datos accediendo a una única instancia Oracle ASM.

Figura 1: Una instancia de Base de Datos

La figura 2 muestra el Oracle RAC accediendo a un pool de storage, una instancia Oracle ASM para cada nodo, sirviendo múltiples o simples instancias de base de datos. Todas las bases de datos pueden acceder y compartir los mismos dos grupos de discos.

Figura 2: Un Oracle RAC acessando un pool de storage.

Un grupo de discos es un conjunto de varios discos. Es el objeto fundamental que gestiona el Oracle ASM, incluye discos, archivos y las unidades de alojamiento.

Una base de datos puede hacer uso de archivos esparcidos en varios grupos de discos por el hecho que los archivos forman parte de varias bases de datos.

El Oracle ASM Disks son dispositivos de almacenamiento disponibles para el grupo de discos del Oracle ASM, estos pueden contener:

- Un disco o una partición de una array de discos;
- Un disco entero o una partición de un disco;
- Logical Volúmenes;
- NFS;

El Oracle ASM esparce los archivos proporcionalmente hacia el grupo de discos. Ese estándar de almacenamiento mantiene cada disco con la misma capacidad y garantiza que cada disco tenga la misma carga de I/O.

Ese balanceamiento de carga desencoraja la configuración de diferentes ASM Disks en un mismo disco físico.

Oracle ASM Files

Los Oracle ASM Files son archivos almacenados en los grupos de disco, la base de datos se comunica con esos archivos.

Es como la base de datos se relaciona con un archivo almacenado en cualquier sistema de archivos. Cuando un archivo es creado en la base de datos este es dividido y distribuido (striped) a través del grupo de discos, por ejemplo, un grupo de seis discos con Oracle ASM disks tiene su espacio de alojamiento distribuido igualmente en los seis discos. Cuando se accede, este será leído en los seis discos en paralelo, aumentando así su rendimiento.

Implementación del Oracle ASM

Para conceptuar mejor la herramienta Oracle ASM efectuamos la instalación de la base de datos Oracle Database 11G release 1 en el sistema operativo Linux CENTOS 5.4 32 bits y Oracle Database 11G release 2 en Microsoft Windows Server 2012 Standard 64 bits. Observamos que en ambos sistemas fue necesario la preparación del grupo de discos en el modo RAW device antes de la instalación de la base de datos.

En la instalación efectuada en el Linux CENTOS fue necesario configurar y habilitar el servicio llamado rawdevice, se realizó la instalación y configuración de tres paquetes para la preparación del entorno, además de la creación de tres grupos más de usuarios específicos para la instalación del Oracle ASM.

Durante la instalación del Oracle Database 11G release 1 fue posible ver el momento donde se crea la instancia ASM.

Mientras el Microsoft Windows Server 2012 utilizó la herramienta de gestión de disco para crear la partición primaria en el modo RAW, fue necesario a la instalación del Oracle Grid Infrastructure para la creación del grupo de discos, después de eso efectuamos la instalación del Oracle Database 11G release 2.

En ambos casos utilizamos las herramientas Enterprise Manager y SQL Plus para verificar el status de la instancia de la base de datos y ASM A pesar de la versión de los sistemas citados arriba no sean homologados por la Oracle la instalación ocurrió de forma satisfactoria.

Durante las pruebas para la instalación utilizamos también el sistema Microsoft Windows Server 2008 Standard 32 bits. En la etapa trece para la instalación del Oracle Database 11G release 2 sucedió el error INS-35210, fue depurado y su causa se debe al hecho de que el Oracle ASM no pueder ser instalado en la versión de 32 bits del Microsoft Windows.

Para implementar el Oracle ASM en el entorno Linux es necesaria una mejor preparación del entorno en comparación al entorno Microsoft. La instalación fue efectuada en un entorno virtual utilizando el Virtual Box 4.2.12 que es de propiedad de la Oracle.

La herramienta Oracle ASM disponen de recursos que facilitan la gestión del grupo de discos, al necesitar expandir el grupo de discos no es necesario la parada de la base de datos.

Esa tecnología tiene una estructura flexible, es posible gestionar instancias ASM y grupo de discos a través del aplicativo Enterprise Manager o SQL Plus. El Oracle ASM suministra balanceamiento de carga de I/O en los grupos de discos.

Utilizando el aplicativo Enterprise Manager visualizamos el grupo de discos y el estado de cada disco, histórico de uso de los discos, también tiene un gráfico de tiempo de repuesta de I/O, esos recursos proveen gestión además de los recursos de alta disponibilidad como la redundancia de discos.

Conclusión

La necesidad de gestión y alta disponibilidad de almacenamiento deben unir diversas técnicas y herramientas.

Los puntos de fallo como discos únicos y entornos sin redundancia afectan directamente a la continuidad de los negocios.

Un sistema de archivos en conjunto con un gestor de volúmenes debe utilizar técnicas de alta disponibilidad y gestión de una forma eficiente y segura.

Las herramientas disponibles en el mercado garantizan al DBA soluciones altamente eficientes para la gestión de la base de datos, y cuando se implementan garantizan rendimiento, escalabilidad, seguridad y alta disponibilidad de las informaciones almacenadas.

A lo largo de la instalación, configuración y utilización del Oracle ASM fue posible verificar que la herramienta trae opciones para gestión y alta disponibilidad en el almacenamiento de la base de datos de una forma práctica, ayudando en el trabajo del DBA.

Miguel Ángel Benítez Garrido

Acerca del autor

Este libro ha sido elaborado por Miguel Ángel Benítez Garrido. Experto consultor en TI, analista y gestor de proyectos de bases de datos y formador de formadores en el área de tecnologías de la información.

Espero que con este libro le haya podido ayudar a descubrir algunos de los puntos críticos en la misiones de un Administrador de Bases de Datos, que es una figura de transcendental importancia dentro de cualquier gran corporación en la actualidad.

Muchas Gracias

Miguel Ángel Benítez Garrido